Das Verkaufskontinuum

Band 1 aus der Reihe

„Das Akquisitionshandbuch"

von Dirk Meybohm

Impressum

Der Inhalt dieses Buches wurde mit größter Sorgfalt erarbeitet. Dennoch können Fehler nicht vollständig ausgeschlossen werden. Verlag und Autor übernehmen keine juristische Verantwortung oder irgendeine Haftung für eventuell verbliebene Fehler und deren Folgen. Alle Warennamen werden ohne Gewährleistung der freien Verwendbarkeit benutzt und sind möglicherweise eingetragene Warenzeichen.

Der Verlag richtet sich im Wesentlichen nach den Schreibweisen der Hersteller. Das Werk einschließlich aller seiner Teile ist urheberrechtlich geschützt. Jede Verwertung - auch auszugsweise - bedarf der Zustimmung des Autors und darf nicht vervielfältigt werden. Alle Rechte bleiben vorbehalten.

Diese Ausgabe ist auch als E-Book erhältlich. Haben Sie diese elektronische Ausgabe erworben, so empfehlen Sie Ihren Freunden den Download eines persönlichen Exemplars. Ein großes Dankeschön, dass Sie die Arbeit des Autors respektieren! Kommentare und Fragen sind herzlich willkommen:

www.meybohm.eu

dirk@meybohm.eu

Inhaltsverzeichnis

Einleitende Worte

Liebe Leserschaft, im Jahr 2009 veröffentlichte ich „Das Akquisitionshandbuches". Es trug den Untertitel „7 Wege zur Geschäftskontaktanbahnung". In diesem Band schrieb ich meine Gedanken rund um das Akquirieren nieder.

Nach dem Erscheinen dieses Buches im Handel, erhielt ich von vielen Lesern Nachricht darüber, welchen Nutzen sie aus der Lektüre ziehen konnten. Ich stellte das Buch bei verschiedenen Veranstaltungen vor. Aus den Gesprächen und Korrespondenzen mit meinen Lesern, schöpfte ich neue Ideen und fand Anregungen zu weiteren Artikeln.

Daraufhin überarbeitete ich 2011 „Das Akquisitionshandbuch" diese Ausgabe erhielt den Untertitel „Das Verkaufskontinuum". Hierin befasste ich mich damit dem Leser grundlegendes Basiswissen zum Verkaufskontinuum zu vermitteln. Einige Abschnitte aus der ersten Auflage entfielen.

Auch auf dieses Buch hin erhielt ich viel Resonanz. Diese gaben mir den gedanklichen Anstoß weitere Artikel zu erstellen. Der Umfang all dessen ist in zwischen ausreichend um 3 Bände zu füllen. Die Überarbeitung erfolgte auch in Hinsicht auf die Vermeidung von rein maskuliner Ansprache. Sollten diesbezügliche Termini auftreten, bitte ich Sie diese nicht diskriminierend aufzufassen.

Schöpfen Sie für sich selbst einen Mehrwert. Denken Sie daran, jeder Kunde dem Sie begegnen ist ein einzigartiges Individuum und deshalb ist auch jedes Verkaufskontinuum anders gestaltet. Bei der Lektüre werden Sie feststellen alle diese Prozesse unterliegen immer den wissenschaftlichen Gesetzmäßigkeiten.

Lassen Sie sich mitreißen von den Worten welche ich Ihnen hier in schriftlicher Form darbringe. Nehmen Sie diese Ideen einfach mit in die tägliche Begegnung mit Ihrer Kundschaft.

Interessanter Weise, habe ich auf verschiedenen Veranstaltungen, an denen ich teilnahm festgestellt, diese Gedanken stecken nicht nur in meinem Kopf sondern auch in dem, des Einen oder Anderen, aber natürlich auch in vielen meiner Leserschaft.

Aus diesem Grunde nehme ich mir im Folgenden auch nicht das Recht heraus, als Einziger oder gar als Erster all diese hier nieder geschriebenen Ideen alleine festgestellt, oder wissenschaftlich ergründet zu haben. Die hier, von mir vorgestellten Thesen, sind abgeleitet aus meinen Erfahrungen, und es bleibt außer Frage, jeder von Ihnen mag seine eigenen persönlichen Schlüsse daraus ziehen. Sie können möglicherweise diese Ideen auch schon einmal an anderer Stelle gelesen oder persönlich erlebt haben. So bestätigt es meine Feststellungen. Ich möchte auf den folgenden Seiten, Ihnen diese Ideen mit auf den Weg geben, damit Sie noch besser den Erstkontakt zur Kundschaft finden können.

Ihnen liegt nun das Buch „Das Verkaufskontinuum" das Band 1 aus der Reihe „Das Akquisitionshandbuch" vor. Auf den folgenden Seiten stelle ich Ihnen das Verkaufskontinuum vor. Dabei erläutere ich Ihnen detailliert die Phasen des Verkaufskontinuums. Ich stelle Ihnen das wichtigste Werkzeug zur Verwaltung der grundlegenden und der ergänzenden Kundeninformationen, das Datenwarenhaus, vor. Außerdem erläutere ich Ihnen Überlegungen zur Steuerung von Prozessen im Verkaufskontinuum.

Gedanken zum Verkauf

Wieder und wieder höre oder lese ich davon. Welcher ist denn nun der richtige Weg zur Kundschaft? Wie kann ich die Kundschaft für mich gewinnen? Wie bekomme ich am Schnellsten die Unterschrift. Wie kann ich die Kundschaft überrumpeln?

Aus meiner Sicht sind diese Ansätze schon falsch. Zu aller erst einmal müssen Sie sich mit der Kundschaft in einer Partnerschaft befinden. Die Kundschaft muss sich bei Ihnen als Handelspartner wohlfühlen. Damit Sie mit der Kundschaft dorthin kommen, bedarf es umfangreicher Arbeit. Ich möchte dazu sagen, es gibt nicht einen einzelnen richtigen Weg. Sondern es ist nur die Mischung, die es ausmacht. Aber immer müssen Sie dabei bedenken, SIE müssen aktiv sein. Denn nur auf die Kundschaft warten, dieses wird nicht wirklich etwas. Vielmehr ist es wichtig Kundenkontakte aufrecht zu erhalten oder zu erneuern. Allzu häufig werden alle Kundenkontakte immer nur als Kaltakquise abgetan und mit ungutem Gefühl angegangen. Mit dieser Einstellung im Kopf werden Sie bei dem ersten Nein auch nicht verstehen, warum diese Kundschaft nun gerade da wo sie diese ansprachen, verneinte. Sie bestärken sich damit, auch noch in Ihren schlechten Gefühlen.

Dann werden Sie auch noch weniger Erfolg haben.

Sie werden meinen: „Hab ich es mir doch gedacht". Wenn Sie dann noch mit solch einem Ergebnis, vor Ihre Vorgesetzten oder Auftragsgeber treten und befragt werden, müssen Sie sich meistens auch dann noch rechtfertigen und bauen das Missgefühl noch stärker auf! Irgendwann haben Sie eine undurchdringliche Abscheu einwickelt und werden bald aufhören zu akquirieren. Damit genau diese Situation nicht eintritt, lesen Sie bitte mehr dazu im Band 2 „Wege zum Kunden" aus dieser Reihe. Bei jedem Kundenkontakt müssen Sie zu allererste ermitteln, wo befindet sich der Kunde im Verkaufskontinuum. Damit Sie selber erlernen welche Phasen es im Verkaufskontinuum gibt schrieb ich das Buch: „Das Verkaufskontinuum". Dieses liegt Ihnen nun vor.

Ihnen und auch Ihren Vorgesetzten möchte ich verdeutlichen Kundenkontakte sind nicht immer Kaltakquise. Vielmehr sollte hierbei Wissen vermittelt werden, mit dem Sie aus jeder Phase des Verkaufskontinuums heraus Kundenkontakte schmieden können. Dieses Wissen können Sie dann nutzen um die Zusammenhänge der Kundenkontaktierung mit gezielter Planung zu verstehen. Jeder Kundenkontakt muss begleitet werden mit vielen weiteren Dingen, welche ich im Detail noch genauer an späterer Stelle erläutere. Alles zusammen macht es erst aus, damit Sie erfolgreich oder -los bleiben oder besser werden. Wichtig sollte aber unbedingt sein, Sie sollten nicht nur nach einem einzigen, dem sogenannten „richtigen Weg" suchen.

Nein versuchen Sie sich zu verinnerlichen, es gibt mehrere Wege.

Je mehr Sie anwenden können, desto erfolgreicher werden sie sein. Verschiedene Wege für Ihre Produkte oder Dienstleistungen werden Sie persönlich schon ausprobiert haben, durch die Bände dieser Reihe werden Ihnen weitere Möglichkeiten gegeben. Versuchen Sie zu verstehen. Verkaufen ist nicht nur Unterschrift einsammeln. Wirklich verkaufen ist die Kundschaft vom Kauf bis zum Wiederkauf zu begleiten. Der Weg dorthin ist vielfältig! Bedenken Sie, aus jeder Phase des Kontinuums heraus können Sie die Kundschaft ansprechen, damit Sie in Erfahrung bringen wo sich diese befinden. So stellen Sie fest welche Maßnahmen Sie zum richtigen Zeitpunkt treffen müssen.

Um ihnen ein besseres Verständnis des ganzen Verkaufskontinuums näher zubringen, möchte ich in den folgenden Abschnitten, detailliert Worte zum Verkaufskontinuum äußern. Dieses ist wichtig um Verständnis bezüglich der Komplexität des Verkaufskontinuums zu erlangen. Das Verständnis dafür, zu verstehen, im Verkaufskontinuum gibt es eine Vielzahl von Abschnitten. Bitte denken Sie immer daran, es ist immer möglich, aus allen Phasen Kunden zu schöpfen. Jedoch ist es ungeheuer wichtig, sogar am Allerwichtigsten, diese Kundenposition auch richtig zu bewerten. Sie müssen wissen an welchen Stellen befindet sich die Kundschaft!

Mit diesem Wissen können Sie gezielt diese durch das Verkaufskontinuum begleiten. Einer Kundschaft die gerade erst in der Produktnutzenphase gestartet ist, benötigt kein neues Angebot! Kundschaft die sich in der Informationsphase für eine neues Produkt befindet, wird kein Zubehör für das „Bisherige" benötigen. Beide Fälle zeugen allenfalls von Unfähigkeit in der Kundenbetreuung. Diese Fehler geschehen, wenn Sie nicht vorab die Position der Kundschaft im Verkaufskontinuum kennen.

Im folgenden Abschnitt dieses Buches stelle ich Ihnen das wichtigste Werkzeug für eine Kundenbetreuung vor. Die Erklärung des Datenwarenhauses stelle ich deshalb auch hier an den Anfang. Sie können dann schnell darauf zugreifen, wenn ich später diesbezüglich zurückkomme. Dieses Datenwarenhaus wird Sie und Ihre Kundschaft das gesamte Verkaufskontinuum hinweg begleiten. Ganz unabhängig davon an welcher Stelle im Kontinuum sich diese gerade befindet und in welche Richtung mit welchem Impuls sie sich bewegen.

Sie sollen in diesem Buch erlernen, die 5 Phasen des Verkaufskontinuums gehen ineinander über. Erst dieses Ganze wird als „Das Verkaufskontinuum" bezeichnet. So auch der Titel zu diesem Band. Sie erlernen hier, sich genaue Spezialkenntnisse anzueignen, die hervorragend dazu geeignet sind um zukünftige Kundschaft zu gewinnen.

Das Datenwarenhaus

An dieser Stelle möchte ich elementare Grundlagen erklären, welche für das Wissen um das Verkaufskontinuum unerlässlich sind. Als erstes ein Begriff zu einem Bestandteil über welches wir zukünftig immer wieder sprechen werden.

Im „Datenwarenhaus", werden wie der Name es schon sagt, alle Informationen zu Ihrer Kundschaft gesammelt. Lassen Sie sich im Rahmen der gesetzlichen Bestimmungen von Ihrer Kundschaft eine Datenschutzvereinbarung unterschreiben. Als gewissenhafte Unternehmerschaft werden Sie allen Mitgliedern Ihres Verkaufsteams die Informationen für das Datenwarenhaus abverlangen. Dadurch steuern Sie den Informationsfluss in allen Abteilungen Ihres Unternehmens die im Kundenkontakt stehen.

Sind Sie im Unternehmen mit der Aufgabe der Akquisition betraut, dann wird es Ihre Aufgabe sein, ein Datenwarenhaus zu eröffnen. Sie werden alle relevanten Erstinformationen eintragen. Hierzu gehören Name, Anschrift, Telefonnummer, e-mail-adresse, Website, Unternehmensinhaber/in

Dieses ist das Fundament des Kundendatenwarenhauses. Ohne Fundament können Sie mit dem Warenhaus nicht viel anfangen.

Auch wenn schon nur ein Stein davon fehlt wird es schwierig, darauf vernünftig zu bauen.

Wie bei jedem Bauwerk ist es wichtig, dieses Fundament vollständig zu errichten und mit größter Sorgfalt herzurichten. Natürlich könnte erster Ansatzpunkt eine Visitenkarte sein. Aus dieser können erste Informationen hervorgehen und genutzt werden, um erste Bausteine für das Fundament zu erstellen. Je mehr Sie sich mit der Kundschaft beschäftigen, umso mehr Informationen über diese erhalten Sie. Dadurch werden Sie auch Information erhalten, wie Sie die Kommunikation zu dieser aufbauen und erhalten können.

Weiterhin sollte Ihr Datenwarenhaus, Raum für Notizen über Ihre Gespräche besitzen. Dort können Sie auch später Dinge notieren, welche Sie für das nächste Gespräch benötige. Weiterhin können sie vermerken welche Themen Sie im nächsten Gespräch ansprechen möchten. Bedenken Sie, Sie sind es die diese Kundschaft ja durch das Verkaufskontinuum begleiten möchten. Sie haben diese Kundschaft akquiriert und dabei festgestellt, sie befinden sich derzeitig irgendwo in der Nachbetreuungsphase ihres momentanen Produktes. Also wird er noch eine Weile dauern, bis sie in das nächste Kontinuum geleitet werden möchten. Jetzt mit dem Verkaufen und jagen nach der Unterschrift, kommen das Zerstörung ihre Kundschaft – Betreuung – Partnerschaft gleich.

Wenn Sie ein Produkt verkaufen welches eine Laufzeit des Kontinuums von 2-5 Jahren besitzt, werden Sie in dieser Zeit mehrmals mit der Kundschaft in Kommunikation treten.

Wann diese Termine sind und wie Sie diese Gespräche gestalten, darauf werde ich im späteren Verlauf noch detailliert eingehen.

Immer dann wenn Sie in dieser Zeit mit der Kundschaft in Kommunikation treten, dann ist es gut, solch eine Informationsquelle wie es Ihr Datenwarenhaus ist, zu besitzen. Führen Sie dieses Datenwarehaus zu jeder Zeit weiter. Sollte Ihre Kundschaft ein Unternehmen sein, dann lassen sich leicht mehrere Entscheidungsträger, mit denen sie in Kommunikation kommen gut verknüpfen. Weiterhin lassen sich aber auch innerhalb ihres Unternehmens Querinformationen leicht hinzufügen.

Sollte Ihre Kundschaft aus Privatpersonen bestehen, lassen sich Verknüpfungen mit anderer Kundschaft herstellen, wenn diese sich untereinander kennen, mit einander verkehren oder verwand sind. Auch lässt sich Kundschaft welche das identische Produkt bei ihnen kauften gut verknüpfen. Dieses ist für spezielle Verkaufsaktionen sehr hilfreich. Also es lässt sich sagen, je mehr Informationen Sie besitzen umso genauer können sie auf die Wünsche und Bedürfnisse der Kundschaft eingehen.

Aufbau des Datenwarenhauses

An dieser Stelle möchte ich das Datenwarenhaus, noch einmal etwas detaillierter vorgestellt. Das Datenwarenhaus sollte nun, wie es bei jedem Hausbau üblich ist von einem Unterbau ausgehend aufgebaut werden. Beginnen Sie mit der Errichtung des Fundamentes. Das Fundament des Datenwarenhauses, besteht aus mindestens 3 entscheidenden Bausteinen! Dieses sind die fundamentalen Kundeninformationen des Datenwarenhauses.

Der erste Baustein ist der Name und Vorname.

Der zweite. ist die Postanschrift und e-mail-adresse oder Website

Der dritte ist die Telefonnummer, Handynummer, skype etc.

Mit diesem Fundament sollte es ihnen möglich sein, Kommunikation zur Kundschaft aufzunehmen. Damit können sie dauerhaft weitere Informationen sammeln und an Ihrem Datenwarenhaus weiterbauen. Dazu später dann noch mehr. Wie schon gesagt, es ist wichtig dieses Fundament genauestens anzulegen. Wird nur einer der grundlegenden Bausteine vernachlässigt, dann werden Sie, liebe Akquisiteurschaft, schwerlich an dem Haus weiterbauen können. Erst wenn Sie mindestens alle drei Bausteine zusammen haben, dann können Sie sich um den weiteren Ausbau kümmern.

Nun ist die berechtigte Frage wie bekommen Sie denn nun die 3 Bausteine zusammen? Abhängig von der Art und Weise, der Methode wie Sie akquirieren, können Sie unterschiedliche Wege gehen. Aber immer müssen Sie den direkten Kontakt zur Kundschaft behalten. Abgesehen vom Adressenkauf, da muss zwingend erwartet werden ein vollständiges Fundament geliefert zu bekommen. Denn wenn nicht wenigstens dieses, wofür sollen Sie dann bezahlen. Auch beim Thema Ausschreibungsbeteiligung sollten die grundlegenden Informationen vorhanden sein. Bei der Bearbeitung der Archiv- und Servicekunden ist dieses meistens auch der Fall. Hier fehlende Informationen können aber durch eine Kommunikation ermittelt werden. Liebe Leserschaft, wie Sie feststellen ist es einfach die elementaren Grundvoraussetzungen des Kundenkontaktmanagements zu erlernen. Ohne große Schwierigkeiten haben Sie die Möglichkeit, Kontaktdaten in Ihrem Datenwarenhaus zu sammeln. Lieber Akquisiteurschaft, wenn Sie heute beim Lesen dieser Zeilen erstmals mit dem Datenwarenhaus in Berührung kommen, dann bitte ich Sie jetzt mit dem Aufbau Ihres Datenwarenhauses zu beginnen. In dieser Zeit der elektronischen Medien, bietet es sich an, dieses Datenwarenhaus z.B. mittels einer Excel-Tabelle aufzubauen. Bezeichnen Sie die Spalten A-R wie folgt: letzter Kontakt, Anrede, Name, Vorname, Firmenname, mailto, Website, Telefon 1, Telefon 2, Fax, Handy, skype, socialname, Straße, PLZ, Wohnort/Firmenanschrift, Geburtsdatum, Notiz zum Gespräch. Jetzt beginnen Sie in der ersten Zeile damit einen Bestandkunden zu erfassen.

Sie werden feststellen, arbeiten Sie ständig am Datenwarenhaus weiter! Dann werden Sie genau den richtigen Zeitpunkt festzustellen an dem Sie die Schlussfolgerung ziehen können: jetzt ist die Kundschaft bereit sich in ein neuen Verkaufskontinuum zu begeben. Ihr Team wird dann mit dem Verkaufen beginnen können.

Sie brauchen hierzu keine neue Akquise Ihnen unbekannter Kundschaft mehr. Sie haben die nächste Kundschaft direkt vor sich. In dieser Phase steht Ihnen dann ein reichhaltiger Schatz an Informationen zur Verfügung. Sie werden sich gegenüber den Mitbewerbern genau dadurch unterscheiden. Ihre Bedarfsanalyse wird genauer sein und die Kundschaft wird Ihnen Vertrauen entgegenbringen. Mit hoher Wahrscheinlichkeit wird sie sich für Sie entscheiden. Wenn sie durch Ihre Kompetenz so überzeugt wurde, wird sie es nicht mehr für nötig halten die Mitbewerber zu kontaktieren. Bedenken Sie aber bitte auch folgendes, kein Verkaufskontinuum verläuft linear, es ist wie der Name sagt in steter Bewegung. Darum, einmal erworbene Informationen können durchaus altern. Dieses betrifft z.B. die Adresse, Telefonnummer, Handynummer, e-mail-adresse, ja mit unter auch, der Name. Andere Daten bleiben unverändert Geburtsdatum und –ort. Darum halten Sie sich den Kunden warm. Sie sparen sich die Kaltakquise. Eine von vielen Kommunikationsmöglichkeiten damit Sie die Kundschaft warm halten zeigt Ihnen das folgende Beispiel.

Der Geburtstagsanruf

Hier sind wir an einem Punkt angekommen der für eine Kundenkontaktbindung sehr erfolgreich ist. Der Anruf zum Geburtstag. Alle freuen sich darüber, wenn sie zum Geburtstag bedacht werden. Wenn jemand an diesen Tag denkt. Noch umso mehr, wenn daran gedacht wird, von denen es nicht erwartet wurde. Glauben Sie mir, es ist toll wenn Sie Ihre Kundschaft anrufen, die gerade in der Geburtstagrunde sitzen, mit ihren Lieben oder den Freunden und Sie rufen an. Ich garantiere Ihnen, Sie werden auf der Feier ein Gesprächsthema sein, und mit etwas Glück sind weitere Interessenten an Ihrem Produkt oder ihrer Dienstleistung dabei.

Aber welche Voraussetzung muss erfüllt sein, damit Sie zum Geburtstag gratulieren können? Logisch, Sie müssen zum einen die Telefonnummer und sein Geburtsdatum wissen. Aber vor allem benötigen Sie ein zuverlässiges Werkzeug, damit Sie auf das Geburtsdatum hingewiesen werden. Ein Kalender egal ob analog oder elektronisch ist für jeden selbstverständlich. Noch besser ist es jedoch Ihr Datenwarenhaus in dieser Hinsicht mindestens einmal täglich zu ordnen. Oder verknüpfen Sie Ihr Datenwarenhaus mit einer Kalenderfunktion. Es ist am Ende ganz egal mit welchen Werkzeugen Sie arbeiten. Es ist wichtig die Funktionen müssen erfüllt werden. Wie Sie oben gelesen haben, hat unser Datenwarenhaus einen hohen Wert. In dem genannten Bespiel mit dem Geburtstagsanruf jenen, Sie sind im Gespräch.

Aber ich warne davor zu glauben, nur wegen diesem Anruf wird morgen Ihr Büro von Kundschaft bestürmt. Nein, jeder dieser Geburtstagsgäste befindet sich an einer gewissen Stelle n seinem derzeitigen Verkaufskontinuum, davon befinden sich nur wenige direkt vor der Verkaufsphase. Vergessen Sie jedoch nicht, der stete Tropfen höhlt den Stein. Rufen Sie zum Geburtstag des Kundenpartnerschaft wieder zur Gratulation an! Der Kreis der Freunde und Verwandten wird wieder zusammen sitzen. Sie werden erneut Gesprächsthema sein. Sie steigern Ihre Chancen weitere Kundschaft zu erhalten. Ich schrieb ja schon, Ihr Datenwarenhaus besitzt einen großen Wert. Sie sollten damit wuchern und Nutzen daraus ziehen. Führen Sie darum auch Ihr Datenwarenhaus immer gewissenhaft. Stellen Sie sich vor, wenige Tage nach dem Geburtstag begegnen Sie dieser Kundschaft. Es genügt ein Stichwort in Bezug auf diese Geburtstagsfeier und die Kundschaft wird darauf reagieren! Mit etwas Glück erhalten Sie Informationen zu den Gästen. Notieren Sie diese Informationen. Auch wenn diese im Moment noch so nebensächlich erscheinen. Später können diese wichtig werden. Glauben Sie mit bitte eines, den Spruch: „Daran denke ich schon" können Sie vergessen. Sie werden als erfolgreiche Akquisiteurschaft eine Vielzahl von Kontakten und über diesen Informationen sammeln. Aber von all diesen werden Sie nie alle Informationen in Ihrem Kopf speichern! Der Geburtstag ist nur ein Aufhänger damit Sie anrufen können.

Wenn Sie Ihr Datenwarenhaus gewissenhaft führen, finden Sie weitere Gründe für einen Anruf.

Das Vorlagewerkzeug

Bitte glauben sie mir eines, neben dem Datenwarenhaus müssen Sie auch einen Vorlagemechanismus integrieren. Wenn Sie dann einmal Kontakt zur Kundschaft haben, dann nutzen Sie bei dieser Gelegenheit, immer die Chance danach zu fragen, wo der Kunde glaubt sich im Kontinuum zu befinden. Natürlich können Sie dieses nur über Umwege erreichen. Ich versichere Ihnen, die wenigsten, ja die aller wenigsten, Ihrer Kunden kennen das Verkaufskontinuum. Ganz sicher werden diese zwar nicht wissen, aber spüren an welcher Stelle sie sich im Verkaufskontinuum befinden. Drängeln Sie nach einem Verkaufstermin, werden diese Kunden Sie vielleicht aus Mitleid bitten ein Angebot zu erstellen. Aber zum Kaufen muss die Kundschaft deshalb noch lange nicht bereit sein. Darum ist eine Fragestellung nach dem derzeitigen Stand der Dinge unabdingbar. In etwa so: „haben Sie schon von dem neuen Modell/Update/Produkt gelesen?"

Sie werden erstaunt sein, wie häufig Sie hören: „auch ich habe schon von dem neuen Produkt ihres Unternehmens gelesen/gehört und wollte mich da mal genauer drüber informieren." Wenn Sie das Warenhaus schon mit Informationen gefüllt haben, dann wissen Sie etwas über den derzeitigen Zustand des momentanen Kundenproduktes.

Sie werden ihm bei der Gelegenheit, wenn Sie der Meinung sind, der Kunde bewegt sich schon aus der Nachbetreuungsphase wieder in die Nähe der nächsten Akquisitionsphase, fragen Sie diese Kundschaft doch danach: „was wünschen sie sich denn bei einer Produktveränderung?"

Sie wird Ihnen darauf antworten!

Wenn Sie nach dem „Was?" gefragt haben, werden Sie eine ausführlichere Antwort bekommen müssen. Denn „Ja" oder „Nein", geht als Antwort nicht!

Bilden Sie immer einen Fragesatz mit einem „W" - Fragewort! Also eine öffnende Frage. Sie erhalten eine weitere Information! Vielleicht sagt die Kundschaft Ihnen aber auch etwas gänzlich anderes. Egal welche Antwort Sie erhalten, es ist eine Information welche Ihnen erst in der Zukunft etwas nutzt. Aber das macht nichts. Sie haben ja Ihr Datenwarenhaus, dort werden Sie diese Information speichern, und zum richtigen Zeitpunkt abfordern. Sie werden doch diese Information in Ihrem Datenwarenhaus abspeichern! Es wird der Moment kommen an dem Sie diese Antwort nutzen. Früher oder später. Ein weiterer Aspekt ist aus psychologischen Untersuchungen bekannt.

Die Informationssinnhaftigkeit

In vielen Untersuchungen stellte sich heraus, je mehr Sinne bei der Erfassung einer Information benötigt werden, umso höher ist die Merkfähigkeit. Sie erleben eine komplexe Situation! Hierbei erhalten Sie neben dem gesehenen Prozessablauf auch eine Geräuschkulisse und Sie riechen auch noch etwas. Dieses Ereignis speichert sich in Ihrem Gehirn tiefer ab, als wenn jemand Ihnen nur von diesem Ereignis erzählt. Selbst dann, wenn der Erzähler Sie in dieses Ereignis, mit vielen Details des Prozessablaufes durch seinen Bericht, hineinversetzt.

Sollte der Erzähler jedoch anstelle der ausschmückenden Worte, Bilder verwenden wird er Sie eher erreichen. Andererseits wird nur eine Bilderserie ohne Worte, nicht so intensiv in Ihrem Gehirn verarbeitet.

Wenn Sie eine Information nur gehört haben, sollten Sie diese Information durch schreiben weiter vertiefen. Sie sprechen damit weitere Sinnesorgane an. Nach dem hören, können Sie diese Information jetzt sehen. Sie können diese auf dem Blatt Papier auch berühren. Aber auch eine elektronisch gespeicherte Information hat eine Sinnhaftigkeitserhöhung. Sie müssen, wie beim Schreiben mit dem Stift, die Finger bewegen. Sie haben den Tastsinn aktiviert. Aber alleine das Schreiben aktiviert die Sinne. Ihre Sinne!

In dem Moment in dem Sie schreiben, so wie ich in diesem Moment, befinden auch Sie sich in Gedanken in diese Situation versetzt. Lassen Sie sich in dem Moment des Informationsschreibens, noch einmal von der Aura umgeben die Sie beim Erhalt der Information spürten. Wenn es Ihnen möglich ist, sollten Sie dabei auch nicht nur die durch Worte erhaltene Information erfassen und notieren. Sollten Sie etwas gesehen (ich meine damit z.B. ein Minenspiel, eine Handbewegung, Schweißperlen auf der Stirn) oder etwas gerochen haben, dann halten Sie dieses alles in ihrem Datenwarenhaus fest. Es wird der Moment kommen, an dem Sie durch Ihr Vorlagesystem auf diese Kundschaft hingewiesen werden. Dann werden Sie dankbar sein, sich in diese Situation von damals hinein versetzten zu können.

Neben dem aktiv auf die Kundschaft zugehen, kann es ja auch einmal geschehen, eine Kundschaft kommt zu Ihnen. Vielleicht jemand aus jener oben beschriebenen Geburtstagsrunde. Wenn nun diese Interessentschaft zu Ihnen kommt und wirklich nur etwas Informationsmaterial haben möchte, dann wissen Sie durch den Wunsch, bezüglich jener Information, wohin die Kundschaft sich im Verkaufskontinuum bewegt. Bedenken Sie, diese Kundschaft bewegt sich im Moment im Kontinuum! Sie erhielt durch einen Einfluss, einen Bewegungsimpuls. Wohin diese sich bewegt und mit welcher Geschwindigkeit sie sich momentan bewegt, dieses sollte jetzt herauszufinden sein.

Von der Kundschaft diese Information zu erhalten, bedarf gezielter Fragen! Je nach Kundentyp wird sie sich früher oder später öffnen. Unsere Kundschaft, welche von Ihnen auf jener Geburtstagsrunde etwas erfuhr, hat zwar ein ganz kleinwenig Vertrauen zu Ihnen gefasst, aber mehr auch noch nicht. Sie jedoch spüren ganz sicher dieses Etwas. Je erfahrener Sie sind, je eher sind Sie in der Lage die Steuerung des Gespräches zu übernehmen. Sie erfragen genau jene Dinge, welche Sie wissen müssen, um den Standort der Kundschaft im Kontinuum festzustellen. Eine Fragerichtung wäre: „Möchten sie eine Weiterentwicklung ihres derzeitigen Produktes oder ein davon abweichendes haben?" Auch bei dieser entweder/oder Fragestellung muss die Kundschaft sich öffnen. Sie können nicht mit ja oder nein antworten. Darum müssen diese Ihnen sagen was sie möchten. Je nach Situation bietet es sich an diese Information auch in Gegenwart der Kundschaft zu notieren. Die Kundschaft sieht, Sie möchten wirklich ein passendes Produkt anbieten.

Natürlich gibt es die Menschen welche, der Kundschaft auf ihre Bitte nach Informationsmaterial, nur einen Prospekt aushändigen und sich dann anderer Arbeit zu wenden. (Diese meinen, die Kundschaft hat ja Ihren Wunsch nach Informationen von mir erfüllt bekommen) Aber mal ehrlich, würden Sie persönlich zu welcher Verkäuferschaft gehen, wenn es dann im Verkaufskontinuum soweit ist?

Viele Kunden werden sich für den aufmerksamen Verkäufer entscheiden! Überprüfen Sie es an sich selbst. Wissen Sie nach einer langen Zeit noch, was sie mit dem Kunden damals besprachen? Wollte er nun ein Produkt erwerben, welches von seinem derzeitigen abweicht, oder wollte er die Weiterentwicklung davon erwerben? Sehen Sie, Ihre Notizen bei jenem Erstbesuch des Kunden werden jetzt nützlich. Darum noch einmal an dieser Stelle, notieren Sie sich unbedingt diese Information, welche Sie in Kundengesprächen erhalten haben. Meine bitte an Sie, machen Sie es auch wirklich. Denken Sie nicht, ich kann es heute Abend, oder morgen machen, nein gleich nach dem Gespräch sollten Sie diese Information speichern. Dann sind Stimmungen und Informationen noch frisch in Ihrem Gedächtnis, und es fällt leichter dieses niederzuschreiben. Weiterhin befreien Sie sich von dieser Information. Ihr Gedächtnis ist entlastet und Sie können sich dem nächsten Kunden zu wenden.

Sollten Sie einen weiteren Termin haben und nicht sofort dazu in der Lage sein, lege ich Ihnen dringen ans Herz sich spätestens nach diesem Kundengespräch hinzusetzen und die Informationen ein zupflegen. Genauso verhält es sich bei Informationen zu einer Kundschaft welche Sie aus dritter Quelle erhalten. Auch diese Information müssen Sie dem Datenwarenhaus der Kundschaft hinzufügen. Hierzu möchte ich im Folgenden noch einmal einige Worte äußern.

Die Wirkung von Einflüssen

Warum ist die Position der Kundschaft im Verkaufskontinuum veränderlich? Die Bewegung der Kundschaft wird durch Impulse von inneren sowie von äußeren Einflüssen ausgelöst. Nur diese inneren und äußeren Einflüsse wirken mittels Beschleunigungsimpulse auf den Standort der Kundschaft innerhalb des Verkaufskontinuums ein.

Die äußeren Einflüsse haben häufig bei gewerblicher Kundschaft, ausgelöst durch Veränderungen der Gesetzeslage einen Einfluss mit starker Wirkung. Diese Einflüsse bedingen bei Ihrer Kundschaft eine Veränderung des Produktes. Zum einen steht für Sie ein Umbau des bestehenden Produktes oder eine Neuanschaffung eines nun passenden Produktes an. Die Kundschaft hat sich aus der Produktnutzenphase nun in hoher Geschwindigkeit in Richtung Verkaufsphase bewegt. Die Akquisitionsphase wird hierbei schnell übersprungen, insbesondere sobald Sie jetzt die Kundschaft von der Informationsphase in die Verkaufsphase begleiten. Sie können diese aber nur dann begleiten, wenn SIE den Kundenkontakt auffrischen und dort als wissender Handelspartner erscheinen. Aber was benötigen Sie, damit Sie die Kundschaft ansprechen können?

Genau jene fundamentalen Informationen aus dem Datenwarenhaus benötigen Sie dafür. Aber auch schon erste ergänzende Daten, wie die Branche der Unternehmen.

Aber was bewegt die Kundschaft nun direkt? Es sind Impulse welche von Einflüssen ausgelöst werden. Hierbei lassen sich 2 Gruppen von Einflüssen feststellen. Die äußeren und die inneren Einflüsse!

Zu den äußeren Einflüssen zählen:

1.	Erscheinen eines neuen Modells (Nachfolgeversion / Updates) etc.

2.Neue	Finanzierungsmöglichkeiten	(andere Rahmenbedingungen)

3.Unfall oder Zerstörung auch erhebliche Beschädigung des bisherigen Produktes

4.Neue gesetzliche Bestimmungen

5.Veränderte Geschmacksvorstellungen der Umwelt.

6.Umstände die nicht vom Nutzer oder vom Produkt ausgehen

Äußere Einflüsse wirken auf die Kundschaft, ohne mit dieser in Zusammenhang zu stehen. Versuchen Sie äußere Einflüsse zu erkennen, und dann deren Auftreten zu analysieren.

Zu den inneren könnten zählen:

1.Verstärkung des Wunsches sich zu Verändern

2.Neue Geldquelle zur möglichen Finanzierung

3.Veränderung der aktuellen Lebenssituation

4.Wertsteigerung durch Aufrüstung

5.Wertstabilisierungsmaßnamen oder Wertverlust durch Beschädigung

7.Produktwandelung

8.Veränderungen der familiären Situation

9.Beruflicher Werdegang

Innere Einflüsse, sind Ereignisse die vom Kunden oder dem benutzten Produkt ausgehen. Eines der häufigsten Einflüsse sind die Alterungsprozesse. Also damit ist der natürliche Verschleiß des Produktes gemeint. Ebenso altert auch der Nutzer des Produktes. Bei einem langlebigen Produkt, erwachsen daraus andere Anforderungen des Nutzers an das Produkt.

Natürlich gibt es auch viele weiter Einflüsse welche Impulse auslösen, die eine Wirkung auf den Standort und die Bewegung der Kundschaft im Verkaufskontinuum ausüben. Die Pflege des Datenwarenhauses ist darum so wichtig, damit Sie immer zum richtigen Zeitpunkt reagieren können. Das Verstehen welche Bewegungen im

Verkaufskontinuum stattfinden und welchen Strukturen und Phasen das Verkaufskontinuum unterliegt, bezeichne ich als das Verständnis vom Verkaufskontinuum.

Die Position der Kundschaft

Der aktuelle Standort der zu korrespondierenden Kundschaft muss Ihr Datenwarenhaus liefern. Sollte es dieses nicht, dann müssen Sie die Kommunikation mit der Kundschaft diesbezüglich erweitern! Sie müssen die fundamentalen Informationen aktivieren und sich mit der Kundschaft in Verbindung setzen. Sprechen Sie mit ihr! Es gibt eine Vielzahl guter Gründe, welche Sie aus dem Datenwarenhaus ableiten können.

Einen Grund kennen Sie schon, über den Geburtstagsanruf schrieb ich bereits. Ebenso habe ich den Partnergeburtstag als Anrufgrund genannt. Auch der „Geburtstag" des Produktes, sollte sich das Verkaufskontinuum über eine mehrjährige Dauer hinziehen ist für regelmäßige Anrufe geeignet.

Ein Anruf hinsichtlich einer kleinen Ausstellung könnte ein Grund sein. Ebenso haben Sie im Datenwarenhaus sicherlich Informationen zum Privaten oder Hobby notiert. Rufen Sie die Kundschaft doch hierzu an, lenken Sie danach mit einer Frage hin die Zufriedenheit und seine Wechselwahrscheinlichkeit zu erfahren.

Natürlich ist es auch denkbar, wenn Sie Ihre Kundschaft ganz gezielt treffen. Sei es bei einer Veranstaltung. Ihr Datenwarenhaus verrät doch genau dieses Interesse. Die Spalte Hobbys oder Interessen wird doch in Ihrem Datenwarenhaus vorhanden sein!! Nun gut, wir wissen nun wo sich unser Kunde befindet.

Ich tippe bei einer Dauer des Kontinuums von etwa 5 Jahren, von den nächsten 100 Personen welche Sie kontaktieren, ist die überwältigende Mehrheit in der Produktnutzenphase. Warum trifft diese Aussage mehr oder weniger genau zu?

Stellen wir die folgende Frage: „Möchten Sie jetzt unser aktuellstes Produkt kaufen?" an alle Personen welche im Moment ein Produkt von Ihnen benutzen. Was wäre das Ergebnis? Lassen Sie uns ein Beispiel nehmen. Es kann sein, eine Kundschaft hat erst vor wenigen Wochen ein Produkt von Ihnen erworben. Diese ist super zufrieden mit dem Produkt. Ja, zu Recht, Sie haben ja die Kundenbetreuung mit größter Sorgfalt durchgeführt. Jedoch wird es jetzt zu dieser Zeit nicht wieder zum Kauf kommen! Es wird nicht an unserem Produkt liegen, sondern daran die Nutzungsphase des Produktes ist noch nicht weitgenug vorangeschritten. Vielleicht scheitert der Kauf bei dieser Kundschaft an der fehlenden Geldquelle, die so schnell einen Produktersatz nicht zulässt. Nun dann ist diese zwar für diesen Moment keine wirkliche Käuferschaft. Aber sie bleibt Ihnen für die Zukunft. Sie sehen die Chance einen Treffer ad-hoc zu landen, in Hinsicht auf Personen die sich in der Nähe der Wiederkaufphase befinden, ist gering.

Sie werden diese Kundschaft weiterbetreuen bis sie wirklich in der Wiederkaufphase ist! sie haben bis dahin die Gelegenheit Ihr Warenhaus mit Informationen zu füllen. Hierbei erkennen Sie, nicht nur der Kunde durchläuft ein Kontinuum. Sondern auch jedes Produkt. Je nach Beschaffenheit dauert dieses Kontinuum unterschiedlich lange.

Manche Produkte werden nacheinander von verschiedener Kundschaft besessen. Manche werden innerhalb weniger Minuten benutzt und sind danach unbrauchbar. Es gibt für jedes Produkt ein spezielles Kontinuum, welches mit einer theoretischen Länge versehen ist.

Zur Beantwortung der Frage von oben, ist jedoch die Zeitspanne interessant wie lange diese Kundschaft in der Produktnutzenphase bleibt. Erfahrungen besagen, die Kundschaft wird bei einer 5 jährigen Laufzeit des Kontinuums ca. 54 Monate in dieser Phase bleiben. Danach wird sie sich in die nächste Akquisitionsphase bewegen.

An dieser Stelle möchte ich schon einmal erwähnen das Verkaufskontinuum, sowie auch das Kaufkontinuum und Produktkontinuum umfasst neben der Produktnutzenphase, die Akquisitions-, die Informations-, die Verkaufs- und die Produktionsphase. Daraus lässt sich leicht ableiten, alle Kundschaft, muss sich in einer dieser 5 Phasen befinden. Alle haben sie irgendwo dort ihren Platz. Welche dieser Kundschaft ist für die Akquisiteurschaft von Interesse? Nur die Kunden welche sich in der Akquisitionsphase des „Zukünftigen" befindet! Also Kundschaft die sich bewusst akquirieren lassen will, weil sie persönlich das Empfinden hat, zum Kauf bereit zu sein. Sie hat zu mindestens den Wunsch nach einem neuen Produkt. Diese können Sie über die Informationsphase zur Verkaufsphase begleiten und dann zum zufriedenen Wiederkäufer werden lassen. Dieses gelingt, indem der Wunsch verstärkt wird.

Aber nicht alle von Ihnen Angesprochenen befinden sich in der Akquisitionsphase, oder der Informationsphase. Wo sind sie dann? Ja ganz klar nur noch in der Produktionsphase oder der Produktnutzungsphase.

Wie lang ist die Produktionsphase im Verhältnis zum Verkaufskontinuum? Unerheblich, da die Kundschaft ja das bisherige Produkt noch nutzen kann und wartet bis das neue Produkt zur Nutzung bereitsteht. Also befindet sich diese Kundschaft kurzzeitig in 2 Kontinuen.

Jedoch erwartet diese in Kürze die Überleitung aus dem alten Kontinuum in das neue Kontinuum. Dort erfährt die Kundschaft die weitere Betreuung. Diese werden Sie auch wieder mit außerordentlicher Qualität durchführen, weil Sie ein hochqualitatives Datenwarenhaus besitzen.

Liebe Leserschaft, Sie erlesen es sich bestimmt schon. Bevor Sie den ersten Kundenkontakt erstellen, haben Sie den Umgang mit dem wichtigsten Werkzeug in der Kundenbetreuung, dem Datenwarenhaus, zu erlernen. Dabei ist es uninteressant, an welcher Stelle Sie in das Verkaufskontinuum der Kundschaft eingreifen. Sie müssen den Überblick erlangen an welchem Ort im Verkaufskontinuum befindet sich die Kundschaft. Haben Sie schon begonnen, Ihr Datenwarenhaus zu eröffnen? Warten Sie nicht länger! Beginnen Sie spätestens jetzt!

Teamorientierte Ablaufplanung

Ich möchte hier noch einmal folgendes festhalten. Da in der Kundenbetreuung verschiedene Personen involviert sein können, ist es unablässig einen konkreten Ablaufplan und Datenzugriffplan zu besitzen. Sie liebe Teamleitung oder Unternehmensleitung sollten diese Pläne selber erstellen oder erstellen lassen und deren Einhaltung kontrollieren oder kontrollieren lassen. Im Datenzugriffplan müssen für die Zugriffsberechtigten verständlich alle Zugriffsreche verankert sein. Alle Teammitglieder der Zugriffsberechtigten müssen verstehen welche Rechte sie und andere haben. Diese Zugriffsrechte müssen den Betreuungspositionen angepasst sein. Sicher ist, die fundamentalen Daten sollen von allen Zugriffsberechtigten zu ergreifen sein. Weitergehende Daten (ich denke da an Bankverbindung oder Zahlungsmodalitäten / Zahlungsverhalten) sollten eingeschränkt bleiben. Weiterhin ist die Erarbeitung eines Ablaufplanes wichtig. Erstellen Sie mit den handelnden Teambeteiligten einen Ablaufplan! Darin muss für alle nachvollziehbar enthalten sein: wer, wann, was, wie und wo durchzuführen hat. Jedem muss klar sein, welche wichtige Aufgabe übertragen wurde! Diese muss auch ausgeführt werden, damit Ihr Team eine hochqualifizierte Betreuung erreichen kann. Konkretisieren Sie für alle im Team, die jeweiligen Aufgaben. Legen Sie diese Aufgaben gemeinsam fest.

Halten Sie diese gegebenenfalls schriftlich fest. Legen Sie konkrete Daten und Zeitpunkte sowie Termin genau fest, um einen Stand der Kundenbetreuung überprüfen zu können. Verknüpfen Sie die erhaltenen Informationen aus dem Ablaufplan mit Ihrem Datenwarenhaus. Sehr einfach ist es, diese Informationen direkt im Datenwarenhaus des Kunden abzuspeichern.

Somit, können zu jeder Zeit, alle im Team kontrollieren, ob der Ablaufplan eingehalten wird. Jeder aus dem Team kann feststellen ob seine Aufgabe noch ansteht, oder sein Handeln zeitlich mit den übrigen Handelnden abgestimmt ist, oder ob er seine Aufgabe abgeschlossen hat und weitere Aktivität momentan nicht notwendig wird. Bestätigen Sie den Ablaufplan oder korrigieren Sie diesen, in Abstimmung mit allen Handelnden, damit alle wissen, wie der Zustand der Abarbeitung in diesem Moment ist.

Lieber Leserschaft, Sie führen alle Arbeiten in Ihrem Unternehmen alleine aus? Sie vereinen alle Funktionen ihres Unternehmens in sich selber? Sie haben keinen weiteren Handelnden, außer sich selber? Sie haben alle Tätigkeiten auf Ihre Person vereint? Dann ist es umso wichtiger, Sie erstellen für sich einen solchen Ablaufplan und kontrollieren diesen z. B. täglich. Glauben Sie mir! Gerade dann wenn es niemanden gibt der die Aufgabe hat Ihnen auf die Finger zu schauen, benötigen Sie dieses Werkzeug um den Schweinehund der in Ihnen schlummert zu überwachen.

Fangen Sie noch heute an!

Sie haben spätestens vorhin das erste Kundendatenwarenhaus eröffnet? Was möchten Sie mit dieser ersten akquirierten Kundschaft in der Zukunft anfangen? Wohin soll der gemeinsame Weg führen? Was müssen Sie dazu beitragen? Viele Fragen, sicherlich! Ich werde auch noch weitere hinzufügen! Sie sollten jedoch aus eigenem Antrieb bewerkstelligen, diesen Ablaufplan zu erstellen und einzuhalten.

Auch dann lieber Leserschaft, wenn Sie nicht die Leitung des Unternehmens führen, und nicht mit der Aufgabe der Erstellung eines Teamablaufplanes betraut sind, führen Sie einen Ablaufplan für sich selber. Dieser Ablaufplan muss den Aufgabenbereich umfassen, für den Sie Verantwortung tragen. Jedes Teammitglied hat eine Aufgabe, welche zum Gesamtgelingen beiträgt. Erstellen Sie Ihren Ablaufplan, noch heute! Noch besser jetzt gleich. Solange niemand ihnen über Ihre Schulter schaut, sollten Sie diesen Plan besitzen. Aufgaben welche Sie liegen lassen, werden nie erledigt. Möglicherweise scheitert das Projekt, dann genau an diesem Punkt.

Stellen Sie sich einmal vor, ein anderes Team in Ihrem Unternehmen erstellt die Weiterentwicklung eines bereits vom Unternehmen vertriebenen Produktes! Sie sind verantwortlich für dessen Vertrieb. Wie Sie solch einen Ablaufplan erstellen könnten, stelle ich Ihnen im Folgenden einmal vor.

1. Vertriebsziel wählen

Wie intensiv wollen oder können Sie die Kunden kontaktieren? Welches Produkt besitzt der Kunde aktuell bzw. zukünftig? Welches Produkt, welcher Service benötigt im Moment dieser Kunden? Oder diese Kunden NICHT? Zu welchen Konditionen können Sie welchen Kunden diese Weiterentwicklung anbieten?

2. Zielgruppe identifizieren

Wen wollen Sie mit dem Angebot ansprechen? Wie möchten Sie Ihre Kunden mit dem Angebot ansprechen? Bestimmen Sie konkret den Kundenkreis.

3. Marketingmaßnahme wählen, planen und durchführen

Welche Informationen über das Angebot, der Weiterentwicklung können Sie dem Kunden geben? Welchen Weg wollen Sie wählen um zum Kunden zu kommen? Wie viel Zeit brauchen sie? Planen sie darum rechtzeitig im Voraus! Wann ist der beste Zeitpunkt, ihre Aktion zu starten?

Was oder wen benötigen sie, um ihre Aktion durchzuführen? Wollen oder müssen Sie Ihr Team erweitern?

4. Response auswerten

Fertigen sie sich unbedingt Notizen an, über das Feedback auf ihre Aktion. Vervollständigen sie sofort das Datenwarenhaus des Kunden! Wie sieht ihre abschließende Bewertung aus im Hinblick auf Resonanz, Kosten und Umsatz?

5. Nachfassaktion planen und durchführen

Haken sie auf jeden Fall nach! Unter Ihren Kontakten gibt es immer Unentschlossene. Machen sie nochmals auf das Angebot aufmerksam bzw. zeigen sie Ihr ungebrochenes Interesse.

Sie lesen, die Erstellung des Datenwarenhauses benötigen einige Vorbereitungen. Bereiten Sie sich planmäßig auf Ihre Kunden vor.

Das Verkaufskontinuum

Liebe Leserschaft, Sie haben auf den vorstehenden Seiten von mir bereits einige Informationen in Bezug auf die Kundenbetreuung erhalten. Ich erwähnte vor allem bei der Vorstellung des Datenwarenhauses bereits Begriffe im Zusammenhang mit dem Verkaufskontinuum.

Zu allererst möchte ich Ihnen sagen, der Ablauf eines Verkaufszyklus ist geprägt von einem Kontinuum. Laut Duden ist ein Kontinuum, stetig, ununterbrochen, lückenlos zusammenhängend, sich fortsetzend. Was ist nun darunter zu verstehen? Auf den Punkt gebracht kann man sagen, jedes Verkaufskontinuum umfasst die Gesamtheit aller zum Verkauf gehörender Prozesse. Diese Prozesse sind stetig und ununterbrochen in Bewegung. Der bekannte Einwand, ein Verkaufsprozess kann unterbrochen werde, bedeutet nur ein anderer Prozess ist eingeschoben und setzt den vorhergehenden Prozess nun in anderer Weise und mit anderer Geschwindigkeit oder Richtung des Kontinuum fort.

Das Verkaufskontinuum unterliegt verschiedenen inneren und äußeren Einflüssen. Für die Verkäuferschaft ist es außerordentlich wichtig zu wissen, an welcher Stelle des Kontinuums sich die Kundschaft befindet. Wenn Sie z.B. Ihre Kundschaft, welche sich noch in der Produktnutzungsphase befindet, schon zum Vertragsabschluss bewegen wollen, werden Sie nicht zum Erfolg kommen.

Oder, was noch schlimmer wäre, Sie erzwingen den Verkaufsabschluss, dann haben Sie eine erhöhte Stornoquote. Diese führt fast immer zu Kosten und Imageverlust. Vergessen Sie nicht: Die Kundschaft bewegt sich im Kontinuum! Ihre Position ist veränderlich! Und zwar nicht nur in eine Richtung. Die Bewegungen der Kundschaft, wird immer durch eine Antriebsenergie erzeugt. Diese beruht auf einen, letztendlich entscheidenden Impuls. Der durch innere und äußere Einflüsse hervorgerufen wird. Die Kundschaft kann sich deshalb im Kontinuum sowohl vor-, rück- als auch seitwärts bewegen. Sie bewegt sich auch ohne bewusst diesen Antriebimpuls wahr zu nehmen!

Die alles entscheidende Frage für alle die in der Kundenbetreuung involviert sind, ist: „Wo befindet sich die Kundschaft im Kontinuum?" Diese Frage ist für alle Teammitglieder eine grundsätzliche Voraussetzung um zu wissen, wie sie sich der Kundschaft gegen über verhalten soll. Darum hier zuerst einmal erwähnt, welche Phasen gibt es im Verkaufskontinuum? Es gibt 5 Hauptphasen welche wiederum in verschieden Segmente unterteilt werden können.

Die Akquisitionsphase

Die Informationsphase

Die Verkaufsphase

Die Produktionsphase

Die Produktnutzungsphase

Diese 5 Phasen im Verkaufskontinuum haben eine gleiche Wichtigkeit. Keine der 5 Phasen darf vernachlässigt werden. Ich möchte Sie mit den allgemeinen Grundlagen des Verkaufskontinuums vertraut machen. Dazu gebe ich Hinweise welche Möglichkeiten zur Beschleunigung im Verkaufskontinuum bestehen. Weiterhin stelle ich Ideen zur Steuerung von Prozessen innerhalb des Verkaufskontinuums in diesem Band noch vor. Weitere tiefgreifende Ausführungen finden sie in meinen Bänden 2 und 3 vom „Das Akquisitionshandbuch".

An dieser Stelle möchte ich noch einmal darauf hinweisen.

Der Kunde bewegt sich im Kontinuum!

Seine Position ist veränderlich. Darüber sprach ich bereits im Abschnitt zum Datenwarenhaus. Dort lernten Sie bereits wie Sie ein Datenwarenhaus erstellen? Wie viele haben Sie inzwischen erstellt. Sie haben verschiedene Bewegungen der Kunden im Verkaufskontinuum festgestellt? Sie fragen sich warum ist dieses so? Den Kundenbewegungen liegen Einflüsse von innen wie von außen vor. Diese wirken mittels Impulse auf die Bewegungsrichtung und deren Geschwindigkeit ein. Es gibt eine Vielzahl von Einflüssen. Diese Einflüsse haben unterschiedliche Impulsintensität und damit Folgen bezüglich des Bewegungsverhaltens der Kundschaft im Verkaufskontinuum. Es gibt dabei innere und äußere Einflüsse. Welche diese im Einzelnen sind beschrieb ich im Abschnitt: „Die Wirkung von

Einflüssen".

Diese dort erwähnten Einflüsse unterliegen keinesfalls der Vollständigkeit. Es gibt unzählige weitere, welche vielleicht spezifisch für Ihr Produkt oder Dienstleistung zutrifft. Weiterhin unterliegen diese Einflüsse einem steten Wandel. Eine Analyse oder Information über die Kundschaft heute erstellt, kann morgen schon über den Haufen geworfen sein! Darum ist es wichtig einen engen Kontakt zur Kundschaft zu finden, damit diese, wenn sie kaufbereit ist, sich bei Ihnen einfindet. Sie müssen für die Kundschaft die erste Ansprechperson sein. Die Kundschaft, die von Ihnen betreut wird, sollte sich mit seinem Produkt so sehr identifizieren, damit diese auch die nachfolgenden Kontinuen mit Ihnen durchlaufen wird. Selbstverständlich wird sie auch dann von Ihnen (oder auch von Ihrem Team) in diesen betreut. Um diesen komplexen Umfang verstehen zu können möchte ich hier einmal beginnen bei der Erläuterung der einzelnen Abschnitte welche sich im Kontinuum befinden und welchen Charakteristiken diesen unterliegen. Hierzu nehmen wir ein Beispiel. Stellen Sie sich selbst als junge Verkäuferschaft in einem Unternehmen für ein neues Produkt vor. Ihre Aufgabe ist es, für dieses Unternehmen, zukünftig den Vertriebsprozess eines vollkommen neuen Produktes durchzuführen. Ein Produkt welches so noch nie auf dem Markt zu erhalten ist.

Nun steht, nach dem sie, ihr neues Produkt selber kennen gelernt haben, die folgenden Fragen:

Wie sollen Sie zukünftig Ihr Geld verdienen?

Nun, in dem Sie ein Produkt ausliefern und dafür einen Gewinn erzielen, der Ihnen entsprechen honoriert wird!

An wen sollen Sie ein Produkt ausliefern?

An Kundschaft, welche einen Vertrag bei Ihnen unterschreiben!

Woher kommen denn die Verträge?

Als Ergebnis aus einem erfolgreichen Verkaufsgespräch!

Wie kommen Sie zu einem Verkaufsgespräch?

In dem Sie Verkaufstermine vereinbaren.

Woher bekommen Sie einen Verkaufstermin?

Genau dann, wenn Sie Kundschaft an Ihrem marktneuen Produkt interessiert machen!

Woher bekommen Sie denn die Interessentschaft, für dieses Produkt?

Indem Sie Kontakten von Ihrem marktneuen Produkt kurz erzählt und fragen, die zwar bisher ein anderes Produkt nutzen als jenes, welches Sie nun neu im Markt präsentieren.

Was hat die Kundschaft genutzt, welche von Ihnen akquiriert wird?

Sie wird derzeitig irgendein anderes Produkt nutzen.

Jenes wird noch den Anforderungen entsprechen. Ihr Ziel muss es jedoch sein die Kundschaft zu ermitteln welche sich am Ende ihres derzeitigen Verkaufskontinuums befinden und deshalb begierig ist etwas über Ihr neues Produkt zu erfahren. Genau nun sind wir am entscheidenden Punkt angekommen und haben dabei einmal das Kontinuum im Schnelldurchlauf absolviert. Allerdings in rückwärtiger Reihenfolge.

Bei einem vollständig neuem Produkt oder einer neuartigen Dienstleistung kommen Sie nicht umhin mit der Akquisitionsphase zu beginnen. Sie akquirieren hierbei Kundschaft welche sich akquirieren lassen will. Diese Kundschaft werden Sie mit Informationen versorgen. Wenn es Ihnen gelingt die Begehrlichkeit auf dieses Produkt, welches Sie neu in den Markt einführen zu wecken, dann ist der erste Schritt getan. Jetzt liegt es an Ihnen aus der Begierde einen konkreten Wunsch der auch erfüllbar ist für Ihren Kundschaft ist, zu entwickeln. Nun ist der Mindeststandard erreicht um die Kundschaft in die Verkaufsphase zu begleiten. In der Verkaufsphase ermitteln Sie den konkreten und kundenspezifischen Bedarf.

Hierbei sollten alle Details zu Bauart, Form, Farbe, Design oder Geschmack erläutert und deren Vorteile und Nutzen für den Kunden ermittelt und besprochen werden. Anschließend wird diese Beschreibung von Produkt und Dienstleistung in einem Vertrag formuliert. Der von beiden Handelspartnern durch Unterschrift bestätigt wird.

Danach begleiten Sie die Kundschaft in die Produktionsphase. Hierbei bleiben Sie mit der Kundschaft in Kontakt um ihr den Produktionsstand mitzuteilen. Natürlich könnten Änderungswünsche berücksichtigt werden. Falls dieses nicht möglich ist, suchen Sie eine Alternative um spätesten während der Produktnutzenphase diese Wünsche dann zu erfüllen. Nach beendeter Produktion, liefern Sie nun das bestellte Produkt oder die vereinbarte Dienstleistung. Stellen Sie die Rechnung und verlangen Sie Ihren finanziellen Gegenwert zur vereinbarten Lieferung. Sie verlangen nicht zu viel, wenn Sie nach Ihrer Vertragserfüllung dieses auch von Ihrem Handelspartner erwarten. Wenn Sie Ihren verdienten Lohn erhalten haben, begleiten Sie Ihre Kundschaft nun durch die Produktnutzungsphase.

In dieser Zeit haben Sie je nach Dauer des Kontinuums oftmals die Gelegenheit Kontakte zur Kundschaft zu halten. Immer werden Sie, wie Sie schon wissen, Ihre Informationen im Datenwarenhaus hinterlegen. Sie wissen, es kommt der Tag an dem auch dieses heute gänzlich neue Produkt am Markt, seinerseits alt ist und ersetzt werden muss. Diesen Zeitpunkt gibt es definitiv! Dieser Termin wird jedes unserer Produkte oder Dienstleistungen ereilen. Jedoch hängt es von der jeweiligen Kundschaft die diese Nutzung betreibt ab, wann jener Zeitpunkt eintritt. Sie haben den ständigen Kontakt und werden darum vom Nahen dieses Zeitpunktes erfahren. Nun beginnt die nächste Akquisitionsphase! Ein Verkaufskontinuum ist abgeschlossen! Die Kundschaft wurde durch Sie durch dieses Kontinuum hindurch begleitet.

Wie oben beschrieben, werden Sie auch jetzt wieder diese Kundschaft durch die Produktnutzungsphase hindurch begleiten. Der Tag an dem dieses Kontinuum endet wird auch bei diesem Produkt kommen. Sie werden die Kundschaft bedarfsorientiert beraten und Ihnen dann das Gewünschte verkaufen. Und wenn der Kunde nicht gestorben ist ….

Ich wünsche Ihnen, Sie haben hier nicht von einem Märchen gelesen, sondern es möge wirklich eine dauerhafte Handelspartnerschaft bestehen bleiben. Diese zu entwickeln ist nicht selbstverständlich. Kämpfen Sie um diese Partnerschaft.

Das Verstehen des Verkaufskontinuums

Sie wurden in Ihrem Unternehmen mit einem beliebigen Aufgabenfeld betraut. Darum lasse ich im Folgenden Ihre tatsächliche Aufgabe vollkommen außer Betracht. Es ist aber eines unabdingbar, Sie müssen dieses Verständnis des Verkaufskontinuums besitzen. Ihnen ist klar welche Aufgaben Ihre Unternehmensmitarbeiter ausüben. Sie verstehen die einzelnen Details und Abläufe vom Verkaufskontinuum. Sie positionieren sich darin der Kundschaft gegenüber. Auch dann wenn Sie nicht mit einer Aufgabe betraut sind, welche Kundenkontakt verlangt. Sie haben aber internen oder externen Zugang zu Informationen über Kunden. Diese Informationen müssen nicht zwingend Ihren Arbeitsprozess betreffen, aber geben Sie diese weiter! Sie müssen jenes Verständnis aufbringen andere Mitarbeiter die im Verkaufskontinuum eingebunden sind, können für die Kundenbetreuung diese Information gebrauchen. Auch wenn Sie glauben das Verkäuferkollegium kann dann wieder etwas verkaufen und sich Provision einstreichen. Würde Ihre Information nicht eintreffen und darum der Verkaufsprozess nicht positiv abgeschlossen werden, geht diese Kundschaft verloren. Dann wird das Verkaufskontinuum dieses Kunden anderswo ablaufen.

Ihre Arbeit die in einer späteren Phase des Verkaufskontinuums notwendig würde, könnte sich erübrigen.

Sie liebe Leserschaft, sind mit der Unternehmensführung betraut? Bitte bedenken Sie immer, alle im Unternehmen Beschäftige können wichtige Informationsgeber sein. Darum ist es wichtig, auch Sie müssen Teil des Datenwarenhauses werden. Auch Sie sollten Informationen dazu beitragen. Aber vorrangig muss es Ihre Aufgabe sein, alle im Unternehmen beschäftigte dazu zu motivieren, Informationen an das Datenwarenhaus weiterzugeben. Die Kopplung dieses Verständnisses vom Verkaufskontinuum und dem Datenwarenhaus ermöglicht es Ihnen, in hohem Maße wirtschaftlicher zu arbeiten als ohne dieses Verständnis. Daher gilt, Ihre Entscheidungen sind nur so gut, wie die Informationen auf denen diese beruht. Die effizientesten Entscheidungen treffen Sie, wenn Ihre Informationen vollständig, präzise und jederzeit verfügbar sind. Korrekte und zeitnahe Informationen sind heute in jedem Fall ein erfolgskritischer Faktor. Wettbewerbsfähigkeit und Marktüberlegenheit ist deshalb gleichzusetzen mit Ihrem Verständnis vom Verkaufskontinuum, in Verbindung mit den Daten aus Ihrem Datenwarenhaus. Sie führen die Daten aus den unterschiedlichsten Quellen zusammen und greifen jederzeit gezielt auf aktuelle und zeitnahe Informationen zu.

Die Position im Kontinuum der Kundschaft kann sich verändern, abhängig von inneren und äußeren Einflüssen. Diese Einflüsse lösen Impulse aus und setzen die Kundschaft innerhalb des Kontinuums in Bewegung und aufgrund dieser Bewegung könnte sie jetzt Ihre Produktinformation benötigen.

Wenn Sie jetzt durch Erscheinen und Wissen um diese Bewegung und die damit einhergehenden Veränderung auftreten, noch bevor ein Mitbewerber diese Kundschaft erreicht, steht Ihrem Erfolg wenig im Wege. Darum analysieren Sie tägliche Ereignisse welche auf Ihre Kundschaft Impulse auslösen könnten. Beobachten Sie Ihre Produkte oder Dienstleistungen im Markt und binden Sie Mitarbeitern aus ihrem gesamten Unternehmen in diesen Prozess mit ein. Als Führungsperson Ihres Unternehmens mit einem so integrierten Team, unterstützen Sie in jedem Fall teamorientierte Entscheidungsprozesse. So beugen Sie in Ihrem Unternehmen zeitliche Informationsverluste vor.

Liebe Akquisiteurschaft, wenn Sie auf Ihre Kundschaft zu gehen, dann ist es wichtig Sie sammeln die Informationen. Diese geben sie dann an das Datenwarenhaus weiter. Von dort erhält das Betreuungsteam die relevanten Informationen um die Kundschaft dann zum Produktkauf weiter zu leiten und diese danach an die Serviceabteilung übergibt, die diese dann durch die Produktnutzungsphase hindurch begleitet.

Nach durchlaufen dieser Phasen werden Sie dann von dort die Kundeninformationen für eine Reakquisition aus dem Datenwarenhaus bekommen.

Liebe Verkäuferschaft, Sie haben von der Akquisitionsabteilung oder der Serviceabteilung folgende Kundeninformation erhalten, die Kundschaft befindet sich in der Informationsphase. Nur wenige Impulse genügen um diese Kundschaft hin zur Verkaufsphase zu bringen. Dann nutzen Sie die gesamten Informationen um den Kunden zum Wiederkauf zu begleiten. Vervollständigen Sie danach das Datenwarenhaus. Fügen Sie alle neuen Informationen diesem Datenwarenhaus zu. Überprüfen Sie ob alle fundamentalen Informationen noch auf dem aktuellen Stand sind. Danach übergeben Sie diese Kundschaft mit dem Datenwarenhaus an die Serviceabteilung, welche die Weiterbetreuung durchführt, bis die Akquisitionsabteilung die Information hat, der Kunde hat das gesamte Verkaufskontinuum durchlaufen und steht dann vor dem erneuten Wiederkauf.

Liebes Serviceteam, Ihnen wurde eine Kundschaft aus der Verkaufsabteilung zur weiteren Betreuung übergeben. Nutzen Sie alle Informationen um diese Kundschaft sorgsam weiterhin zu betreuen. Begleiten Sie diese hinweg über die gesamte Zeit der Nutzungsphase. Füllen auch Sie das Datenwarenhaus mit Informationen und aktualisieren Sie die Kundendaten.

Sie stellen in der Produktnutzungsphase irgendwann fest, diese Kundschaft befindet sich in der Nähe der nächsten Akquisitionsphase, dann übergeben Sie diese Kundeninformation an das Datenwarehaus und damit an die Akquisitionsabteilung. Diese wird die Daten aufbereiten und die Kundenbetreuung weiterführen, bis hin zum Verkauf. Dort wird dank aller Informationen der Kundschaft genau das benötigte Produkt zur verkauft. Somit wird für Sie eine neue Kundschaft zur Servicebetreuung zugeleitet.

Liebe Unternehmensleitung, dieser ideale Informationsfluss innerhalb des Datenwarenhauses und des Verkaufskontinuum in Ihrem Unternehmen sollte von allen Mitarbeitern gefördert werden. An dieser Stelle bitte ich Sie einmal zu überlegen, würden Sie alle Ihre Mitarbeiter fragen „Wohin mit einer Kundeninformationen?" Was meinen Sie, welche Antwort erhalten Sie? Ich lege Ihnen ans Herz, schulen Sie Ihre Mitarbeiter, damit keine Informationen verloren gehen. Sie sollen von allen relevanten Mitarbeitern greifbar sein. Damit diese Mitarbeiter das Datenwarenhaus ergänzen und aktualisieren können. Nutzen Sie hierzu ein professionelles Produkt. An dieser Stelle nochmals Sie als Führungspersönlichkeit stellen sicher, Ihr Team ist an allen Stellen bereit, diese Informationen zu bündeln. Dieses setzt in Ihrem Unternehmen eine Struktur voraus, welche diesen Informationsfluss fördert.

Aber fördern Sie auch die Bereitwilligkeit zur Informationsgabe! Loben sie eine Prämie für einen Informationstipp aus. Führen Sie einen Tippwettbewerb mit einem Prämiensystem durch. Verständlich sollten da Mitarbeiter welche verkaufsfern in Ihrem Unternehmen arbeiten bevorzugt werden. Prämieren Sie jeden Tipp. Auch nur ein einzelner Informationstipp ist für das Datenwarenhaus wichtig.

Liebe Leserschaft, Sie verstehen nun das Ziel dieses Informationsflusses! Durch Ihre Aktivität schaffen Sie ein effektives und jederzeit nutzbares Datenwarenhaus. Allen im Unternehmen stehen dann die für Ihre jeweilige Aufgabe, relevanten Daten entsprechen deren Entscheidungsbefugnisse zur Verfügung. Der Verkäuferschaft, dem Serviceteam als auch der Akquisiteurschaft, sind so wesentlich dynamischer und schneller informiert und sehen sich dadurch in der Lage, in einem dynamischen Marktumfeld jederzeit richtig, schnell und vor allem wirtschaftlich zu handeln und entsprechend beim Auftreten von inneren und äußeren Einflüssen, welche Impulse auslösen die auf das Verkaufskontinuum ihrer Kundschaft wirken könnte, schnell und effizient zu reagieren. Das gesamte Verkaufsteam verfügt dadurch über ein breiteres Wissen bezüglich der Kundschaft, um kundennah handeln und reagieren zu können. Die Sammlung, Auswertung und Umsetzung solcher Daten können zu einem überlebenswichtigen Faktor für Ihr Unternehmen werden.

Eventuell notwendige Neuausrichtungen nach Kundenbewegungen im Kontinuum können so schneller bearbeitet werden. Nach einer, Neuausrichtung welche Sie in, Bezug auf die Veränderung im Kontinuum mit Ihrem Team erarbeitet haben, kann dann auch nachvollziehbar und für jedes Teammitglied differenziert erlebbar erfasst werden. Nehmen wir jenes erwähnte Beispiel von oben noch einmal auf. Ihre gewerbliche Kundschaft unterliegt einer bestimmten Gesetzgebung um ihr Unternehmen führen zu dürfen. An dieser Gesetzgebung tritt (durch einen äußeren Einfluss) eine Veränderung ein. Jenes Unternehmen benötigt ein verändertes Produkt. Darauf können Sie sich einstellen und die Kundschaft nun mit jener gesetzestreuen Version bedienen. Damit öffnen Sie einen veränderten Markt, und präsentieren veränderte Produkte. Je nach Gesetzeslage handelt die Kundschaft schneller oder langsamer. Sie haben die Umstellung durchgeführt und sind bereit die Kundschaft optimal zu bedienen. Sollten Sie, nicht mit der Unternehmensleitung beauftragt sein, sondern ein wichtiger Teil des Teams sein, welches sich mit der Kundenbetreuung oder mit anderen unternehmenswichtigen Aufgaben beschäftigt, dann sollen diese vorstehenden Zeilen Ihnen den Einblick geben, warum Ihre Team- oder Unternehmensleitung zusätzliche Datenmengen besitzt und daraus resultierende Entscheidungen fällen muss. Sie entscheidet über Bereiche welche auch andere Teile des Unternehmens betreffen, die außerhalb dem Ihnen zugewiesenen Aufgabengebiet liegen.

Deshalb obliegt es der Führungsebene die Entscheidungen zum Wohle des Unternehmens zu fällen und die Erfüllung der gestellten Ziele, der einzelnen Teammitgliedern, zu erstellen, steuern und zu kontrollieren. Allgemein sei gesagt, es sind oft die unscheinbaren Dinge des Lebens die von Außenstehenden als nichtig erachtet werden. Aber gerade diese können Einfluss auf die Kundschaft nehmen und dessen Standorte im Kontinuum verändern. Darum haben Sie auch Verständnis sollte Ihre Teamleitung Entscheidungen treffen welche Ihnen als unverständlich erscheinen. Sprechen Sie mit der Teamleitung darüber, wenn Sie sich in Ihrem Arbeitsfeld mit Widersprüchen konfrontiert sehen. Haben Sie aber auch Verständnis für datenschutzrelevante Dinge. Darum kann es geschehen, Sie bekommen nur für Ihren Aufgabenbereich relevante Informationen. Jedoch diese müssen umfassend für Sie sein. Wie aber soll mit den Daten nun im Unternehmen umgegangen werden? Jedes Verkaufskontinuum liefert Information über die Kundschaft die Sie betreuen. Alle diese Informationen an sich zu sammeln ist wie schon beschrieben ein wichtiger Prozess, aber diese Informationen nur zu sammeln kann keine informationsrelevante Aufgaben eines seriösen vertriebsorientieren Unternehmens sein. Der Zweck der Informationssammlung muss auch dessen Anwendung in der Praxis sein.

Ich stelle im bisherigen Verlauf das Verkaufskontinuum und die hierzu nötigen Werkzeuge vor. Im Folgenden möchte ich einiges zu den Phasen im Verkaufskontinuum schreiben.

Die Akquisitionsphase

An dieser Stelle möchte ich Sie fragen: „Was ist die Akquise und wie wird die Akquise definieren?" Das Wort Akquise bzw. Akquisition stammt vom Lateinischen „ad quaerere" = (erwerben) ab. Es werden alle Maßnahmen der Kundengewinnung durch persönliche Gespräche im Rahmen der Kontaktaufnahme bezeichnet, unter Einbindung der Gewissheit, die zu akquirierende Kundschaft weiß sie wurde akquiriert und wartet darauf im Verkaufsprozess weiterbegleitet zu werden. Dieses bedeutet genauer, die Kundschaft wird angesprochen, die bereit ist sich zu öffnen und sich für Sie und Ihre Aktivitäten begeistert! Dabei erfährt diese für wen Sie diese Aktivitäten betreiben. Darauf aufbauend ist die Kundschaft bereit Ihnen Informationen zu geben um weiteren Kommunikation mit Ihnen durch zu führen. Genau dann haben Sie eine Kundschaft erfolgreich akquiriert! Ja, selbstverständlich ist die Akquise die Grundsteinlegung des Datenwarenhauses! Aber dieses ist nur das Resultat einer sauberen Akquise. Eine Akquisition setzt Aktivität voraus. Die Akquiseurschaft geht aktiv auf die Kundschaft zu oder erlangt aktiv die Kundendaten. Sie erlangen mittels geeigneter Wege die Kontaktdaten. Diese sind dann für den weiteren Verlauf im Verkaufskontinuum verwertbar.

Beherzigen Sie folgende Definition der Akquisition!

Eine erfolgreiche Akquise ist dann zu registriert, wenn durch eine Aktivität ein Kundenkontakt generiert wurde, unter der Voraussetzung die Akquirierten wissen, sie wurden akquiriert um im Verkaufskontinuum weiter begleitet zu werden.

Prägen Sie sich diese Definition ein! Bei der Akquise werden Kontakte gemacht, von denen die Akquirierten (die zukünftige Kundschaft) wissen, die Akquisiteurschaft bekommt Namen und Adresse oder Telefonnummer nur darum in Besitz, um diesem (den Akquirierten) später mit Informationen zu ihrem (des Auftraggeber der Akquisiteurschaft) Produkt zu beliefern. Die Kundschaft gibt Ihnen die Adressen, Namen, Telefonnummer also die fundamentalen Grundsteine des Datenwarenhauses freiwillig! Sie verlässt sich darauf, sie wird von Ihnen betreut! Sie bieten dieses oder jenes Produkt oder diese oder jene Dienstleistung an. Die Kundschaft weiß, Sie oder ein anderer aus dem Team Ihres Unternehmens nutzt diese Information nur, um mit ihr (der Kundschaft) in Kommunikation zu bleiben. Mit diesem Wissen der Kundschaft, können Sie oder ein anderes Mitglied ihres Teams später auf diese Kundschaft zu kommen. Die Kundschaft erwartet ja genau diese Betreuung. Genau dieser Status zeichnet eine gute Akquise aus. Ganz genau nur dann ist eine Akquise auch erfolgreich. Dann können die Akquirierten auch etwas damit anfangen, wenn sie irgendwann einen Anruf, ausgehend Ihres Unternehmens, erhalten.

Wird die Kundschaft dann auf ein bestimmtes Produkt angesprochen, kehrt die Erinnerung an Sie wieder. Die Akquirierten werden umgekehrt auch fest damit rechnen, Informationen zu erhalten. Werden sie diese nicht bekommen, dann war die Arbeit der Akquisiteurschaft umsonst. Die Akquirierten werden, wenn sie an einer Veränderung ihres derzeitigen Produktes oder Dienstleistung interessiert sind, diese Veränderung auch vornehmen, mit oder ohne Sie. Diese Kundschaft befindet sich am Ende des alten Verkaufskontinuums. Durch unzählige Impulse wurden sie immer weiter beschleunigt und werden sich vom Kauf durch nichts abbringen lassen.

Sollte Sie aber die Weiterverfolgung der Akquise nicht durchführen, dann werden sich die Akquirierten einem anderen Anbieter zuwenden. Sie sollten darum unbedingt dafür sorgen, eine schnelle Kommunikation muss stattfinden. Eine Zusammenführung von bestehenden und nun erhaltenen Informationen sollte dabei Ihre nächste Zielsetzung sein. Genau wie oben beschrieben, füllen Sie Ihr Datenwarenhaus.

Immer dann, wenn die Kundschaft nicht weiß, sie wurde akquiriert gibt es beim späterer Kommunikation zwischen Ihnen und der Kundschaft, negative Erfahrung. Nichts ist schlimmer als folgende Situation. Sie liebe Leserschaft, kontaktieren jemanden den Sie als Akquisitionserfolg einschätzen.

Nun besucht die Verkäuferschaft diese Kundschaft und diese sagt dann: Wir kennen Sie nicht und brauchen auch nichts"! Aus Ihrer Arbeit bleibt dann nur ein negatives Ergebnis.

Darum sollten Sie <u>gewissenhaft</u> akquirieren! Mit dieser Anbahnung von Geschäften bestreiten Sie den finanziellen Teil Ihres Lebensunterhaltes? Sie alleine akquirieren die Kundenkontakte? Diese Daten leiten Sie an das Datenwarenhaus weiter! Danach kommen diese Daten einem Team zugute in welchem Sie eingebunden sind? Oder aber Sie sind dieses Team vereinigt allesamt in Ihrer Person? Auch möglich, Sie verkaufen die erworbenen Kundenkontakte und bestreiten somit Ihren Lebensunterhalt. Es ist egal! Ich möchte im Einzelnen betrachten, warum Sie akquirieren und welche Handlungen Sie in der Akquisitionsphase durchführen sollten, damit Sie den Einstieg in das Kontinuum der Kundschaft erlangen. Damit erfahren Sie, an welcher Stelle des Kontinuums sich diese Kundschaft befindet! Trennen Sie sich von der Märchengeschichte, eine akquirierte Kundschaft befindet sich automatisch in der Akquisitionsphase, sobald Sie diese nur ansprechen. Sehen Sie da draußen, die Kundschaft welche gerade an Ihnen vorbeigeht. Schnell, gehen Sie hinaus und sprechen Sie diese an. Sie kommen in ein Gespräch, in dessen Folge Sie die Kundendaten erfassen können, weil diese Kundschaft sich tatsächlich für Ihr Produkt interessiert!

Trotzdem befindet sie sich noch lange nicht selber in der Akquisitionsphase.

Sie befindet sich irgendwo in ihrem derzeitigen Kontinuum. Mit hoher Wahrscheinlichkeit befindet diese sich in der Produktnutzenphase ihres derzeitigen Produktes. Wie lange sie dort noch bleiben möchte kann nur die Kundschaft wissen. Aber Sie sollten es von ihr erfahren! Sie werden dann erfolgreich als Akquiseurschaft sein, wenn Sie wissen an welcher Stelle die Kundschaft in ihrem persönlichen Kontinuum ist. Ihre Akquisition stellt den Standort fest, an dem sich die Kundschaft derzeitig befindet. Mittels des Datenwarenhauses werden Sie diese Informationen speichern und sich einen Termin vorlegen um die Kundschaft wieder zu kontaktieren. Sie werden feststellen, es ist inzwischen viel leichter die Kundschaft zu kontaktieren, weil diese jetzt „angewärmt" ist. Sie können nun leicht über das Plaudern in ein Gespräch kommen, um zu erfragen wo sich die Kundschaft im derzeitigen Kontinuum befindet. Sie erfahren es denn die Kundschaft gibt bei der richtigen Frage eine Information, wann sie sich um die Erneuerung des derzeitigen Produktes kümmert. Dann erst ist der Tag gekommen an dem der Kunde sich nahe dem Ende, des momentanen Verkaufskontinuums befindet. Danach werden Sie mit geeigneten Impulsen die Kundschaft in Bewegung setzen.

Erst dann wird diese sich hin zu einer neuen Akquisitionsphase begeben. Geben Sie der Kundschaft nie zu früh einen Impuls.

Bedenken Sie, alle Kundschaft kauft erste etwas, wenn diese ein neues Produkt oder eine Dienstleistung auch benötigen.

Ich weiß, es wird von vielen Vertriebssystemen propagiert, nur der richtige Energieimpuls sei notwendig, um die Kundschaft zu bewegen. Das stimmt im Prinzip. Der Nachteil ist jedoch, die Kundschaft wird nach dem Kauf viel schneller in Reue verfallen. Die Kundschaft besaß nur einen schwachen Kaufwunsch. Einen Bedarf zum Kauf oder gar den Zwang Ihr Produkt besitzen zu müssen fehlte. Sie wissen, genauso schnell wie der Impuls durch die Beschleunigung auf die Geschwindigkeit einwirkte, wird dieser auch wieder seine Wirkung verlieren. Wir sind hier in Europa und haben europäische Verbraucher-Rechte. Gesetzmäßigkeiten aus Übersee treffen darum hier nicht zu. Ich gebe Ihnen darum den Rat, wenden Sie nie Gewalt im Verkauf an. Verständlich ist, Sie werden schon gar nicht körperliche Gewalt anwenden. Aber ich meine vor allem die Gewalt welche sie ausführen um den Kunde zu überrumpeln. Dieses ist schon dann der Fall, wenn sie sich einen Termin erschleichen und glauben, Sie haben die Kundschaft akquiriert. Erinnern sie sich an meine Definition der Akquise? Gerne wiederhole ich diese hier noch einmal.

Eine erfolgreiche Akquise ist dann zu registriert, wenn durch eine Aktivität ein Kundenkontakt generiert wurde, unter der Voraussetzung der Akquirierte weiß, er wurde akquiriert um im Verkaufskontinuum weiterbegleitet zu werden.

Gerade, wenn Sie bei der Akquise nicht ordentlich arbeiten, werden sie später keinen Erfolg haben. Ihr Team wird diese Kundschaft nicht zum Verkaufserfolg führen. Sie werden die Kundschaft verlieren. Sie nimmt an, Sie haben nicht Interesse an dem tatsächlichen Kundenbedarf. Diese Kundschaft möchte in ihrer Produktnutzenphase betreut werden. Dieses ist der Kundenbedarf. Betrachten Sie diese Information als Basis für die Akquise.

Es wird einmal den Tag geben, an dem Sie trotz größter Bemühungen einmal keinen Erfolg im Abschluss verzeichnen. Sie brauchen da überhaupt nicht verzweifelt sein. Nein es ist eine Gesetzmäßigkeit, alle Arbeit ist nur zu einem bestimmten Teil von Erfolg gekrönt. In einem solchen Fall erzähle ich gerne zur Aufmunterung folgende Geschichte.

Stellen Sie sich vor, Sie würden jeden Abend eine Tasse Tee trinken. An irgendeinem Abend wird es geschehen, Sie entnehmen das letzte Gramm Tee aus der Dose! Sie müssen morgen im Laufe des Tages eine neue kaufen, wenn Sie abends wieder Ihre Tasse Tee trinken wollen. Am nächsten Tag, es ist so weit, wenn Sie in die Stadt fahren, werden sie noch Tee kaufen müssen.

Spätestens jetzt, beginnen Sie zu überlegen. Wo bekommen Sie Tee her? Da gab es das Tee – Spezialitäten – Geschäft. Dann noch einen Laden von einem Chinesen, außerdem noch diverse Supermärkte. Ihr Handy klingelt und Sie erhalten eine Terminabstimmung, die wenig Zeitraum für langes Suchen zulässt. Also, dann, schnell in jenen Laden der direkt auf dem Weg zum eben erhaltenen Termin liegt.

Sie stehen dann alsbald vor dem Regal mit dem Teesortiment. Welche Qual, bestimmt 20 verschiedene Sorten und Arten befinden sich dort vor Ihnen. Ich möchte hier gar nicht alle auf führen. Sie stehen nun vor der Wahl. Die Zeit ist knapp und Sie wählen eine Sorte aus. Sie haben sich für <u>eine</u> Dose entschieden. Damit befinden Sie sich mitten im neuen „Teekontinuum". Die Akquisitionsphase, Informationsphase, Kaufphase und Produktionsphase sind absolviert und Sie haben die „neue" Produktnutzungsphase erreicht.

Am Abend! Endlich wieder zu Hause, brühen Sie sich Ihren abendlichen Tee. Nun kommen sie zu der Schlussfolgerung, es gab eigentlich gar keinen einzelnen Grund warum sie genau diese eine Sorte nahmen! Vielmehr schließen Sie auch daraus die 19 anderen wären nicht im Geringsten, schlechter gewesen. Nein sie waren ganz gewiss durchaus gleichwertig und vielleicht war da auch eine Sorte die sogar noch besser wäre, als die welche sie auswählten. Egal, sie haben in einigen Tagen wieder die Chance Tee einzukaufen. Sie können eine andere Sorte nehmen oder auch nicht. Aber auch dann werden Sie wieder überlegen, warum haben Sie diese Sorte gewählte und nicht eine andere?

Warum ich diese Geschichte gerne erzähle. Es ist eben eine Gesetzmäßigkeit, wenn Die nur genau 1 Stück aus 20 auswählen müssen, können Sie 19 nicht wählten.

 Genauso ist das auch bei ihrer Arbeit. Verzweifeln Sie nie, nur weil Sie einmal wenig oder keinen Erfolg hatten. Der Erfolg wird sich noch in dem Rahmen einstellen, damit er Ihren Vorstellungen entspricht.

Sie brauchen die Ausdauer und das Verständnis des Verkaufskontinuums. Sie müssen dieses Verständnis aufbringen, nicht Sie sind jenes bestimmende Element im Verkaufskontinuum, sondern es ist die Kundschaft. Ihnen obliegt es heraus zu finden, an welcher Stelle befindet sich die Kundschaft im Kontinuum. Sie sollten sich immer wieder verinnerlichen, die Kundschaft welcher Sie begegnen, befindet sich irgendwo im Verkaufskontinuum. Ihre Aufgabe ist es, von dieser Kundschaft die fundamentalen Daten zu erfassen. Diese Datenerfassung ist die eigentliche Akquisition! Schön wenn es Ihnen gelingt dabei Kundschaft anzutreffen die sich in ihrem Kontinuum bereits in der Akquisitionsphase befindet. Je zahlreicher Ihre Kontakte sind, desto wahrscheinlicher finden Sie diese kaufbereite Kundschaft.

Es gibt sehr viele verschiedene Wege zum Kunden! Im Band: „Wege zum Kunden" erläutere ich ausführlich welche Wege zum Kunden führen.

Einige davon sind:

- **„auf den ersten Blick"**

- **Telefonanruf**

- **Klingeln gehen**

- **Marktschreien**

- **Socialen**

- **Bestandkuntenaktivierung**

- **Adresskauf**

- **Ausschreibungen**

- **Innovationen**

Alle diese Wege haben eines gemeinsam, am Ende stehen die grundlegenden Informationen der Kundschaft die betreut werden möchte. Der Weg und die Handlungsmethodik mit der agiert werden muss, differiert jedoch. Für Sie, die sich bei dieser Kundschaft gerade in der Funktion der Akquisiteurschaft befinden, endet die Akquisition erst, sobald die Kundschaft sich ihrerseits, auch in der Akquisitionsphase befindet.

Leiten Sie nun diese Kundeninformation über das Datenwarenhaus an die Kundenbetreuung weiter. Ihre Arbeit ist bei dieser Kundschaft vorerst geschafft. Jetzt werden Sie Ihren Erfolg auskosten!

Sie präsentieren Kundschaft die akquiriert wurde und nun weiterbetreut werden möchte!

Die Informationsphase

Sie haben im Zusammenwirken mit Ihrem Teams Kundeninformationen übertragen bekommen. Dieses Kundendatenwarenhaus besagt, diese Kundschaft wurde von der Akquisiteurschaft betreut und diese stellte fest, die Kundschaft ist aus der Produktnutzungsphase ihres derzeitigen Produktes auf dem Weg über die Akquisitionsphase hinaus. Nun bewegt sie sich in der Informationsphase. Noch befindet sie sich am Anfang der Informationsphase. Ihre Aufgabe wird es sein diese Kundschaft weiter zu betreuen. Bedenken Sie, für die Kundschaft sind Sie nur einer von vielen möglichen Handelspartnern. Vergleichen Sie dies mit der „Teegeschichte"! Möglicherweise sind Sie einer von 20 Anbietern. Ebenso wie auch Sie, Kundschaft akquirieren, werden diese ihre Partner auswählen. Ob Sie am Ende auserwählt werden, hängt ganz von Ihren Aktivitäten ab. Stechen Sie heraus, damit Sie diese eine Dose mit Tee sind, welche auserwählt wird.

Kennzeichnend für die Informationsphase ist, die Kundschaft ist sich noch nicht schlüssig über die Beschaffenheit des zukünftigen Nutzungsersatzes. In der Kundschaft schlummert bereits der Wunsch nach der Veränderung ihrer derzeitigen Nutzung. Ihre momentanen Produkte oder Dienstleistungen welche sie nutzen, passen nicht mehr zu ihrer jetzt gegebenen Situation.

Sie wissen, durch innere und äußere Einflüsse werden Impulse auf den Standort der Kundschaft einwirken. Durch diese Impulse verändert die Kundschaft ihre Bedürfnisse. Diese müssen neu gedeckt werden. Weiterhin bewirken diese Impulse eine Bewegung der Kundschaft innerhalb ihres Kontinuums. Ist diese Richtung auf ein neues Kontinuum hin ausgerichtet? Dann wird diese Kundschaft sich mit der Ersatzbeschaffung beschäftigen. Hierzu informiert sich diese. Dieses Informieren steht in einer Wechselwirkung zur jeweiligen Akquisition.

Die Kundschaft schätzt ein, die Gegebenheiten welche sie momentan nutzt, entsprechen nicht mehr ihrem Bedarf. Also wird sie sich informieren! Ihre Überlegung wird lauten: „Welche Produkte oder Dienstleistungen decken zu welchen Konditionen meinen Bedarf?" Die Kundschaft akquiriert auf dem Markt nach möglichen zukünftigen Handelspartnern. Für die Kundschaft steht die Frage: „Wer produziert ein solches Produkt?" Sie wird hierzu verschiedene Wege wählen. Dann wird sie sich über das Unternehmen die Mitarbeiter und das Produkt informieren.

Dieses kann geschehen ohne einen direkten Kontakt zu diesen zukünftigen Handelspartnern zu knüpfen. Sie wird genau wie auch Sie die Akquise durchführen! Lassen Sie es uns an einem Beispiel erleben! Sie erinnern sich an die Geburtstagsfeier zu der Sie telefonisch in Kommunikation traten?

Auf dieser Geburtstagsfeier saß irgendeine Verwandtschaft des Jubilares. Jene Verwandtschaft wird bei einer jetzigen Nutzungsveränderung daran zurück denken. Voraus gesetzt, Sie hatten einen Eindruck hinterlassen. Diese Verwandtschaft jener Feier wird von jenem Geburtstagsrundengastgeber Informationen über Sie einholen. Die Kundschaft akquiriert in diesem Moment, und zwar <u>Sie</u>. Darum muss diese Verwandtschaft über Ihr Unternehmen informiert werden. Nur dann wird sich die Kundschaft auch mit Ihnen in Verbindung setzen können.

Sie kennen noch die fundamentalen Grundbausteine des Datenwarenhauses? Zur Erinnerung finden Sie diese hier noch einmal:

- **Der erste Baustein ist der Name und Vorname**

- **Der zweite. ist die Postanschrift und e-mail-adresse oder Website**

- **Der dritte ist die Telefonnummer, Handynummer, skype etc.**

Sie lesen richtig! Damit die Kundschaft Sie finden kann, muss es möglich sein, Ihre fundamentalen Bausteine abrufen zu können. Auf Ihrer Webseite sollte es selbstverständlich sein. Sie haben natürlich ein vollständiges Impressum. Dieses hat genau diese Informationen gespeichert.

In einem Telefonbuch steht möglichst neben dem Namen, der Telefonnummer auch die Anschrift. In den unzähligen Suchmaschinen im Internet ist neben dem korrekten Namen, Ihre Telefonnummer und Anschrift zu finden.

Sie müssen zu finden sein!

Verlassen Sie sich nicht darauf, irgendjemand hat ihre Telefonnummer und gibt diese weiter. Mundpropaganda funktioniert heute auf verschiedenen Medien. Nicht jeder speichert Ihre fundamentalen Grundinformationen. Kundschaft welche über Sie redet und trotzdem nicht den Kontakt zu Ihnen findet wird nicht zu Ihnen kommen und danach auch nicht von Ihnen betreut. Es ist da draußen auf dem Markt mehr als nur ein einziger Produktanbieter.

Wie schön wäre es Sie, wüssten von diesen Aktivitäten ihrer Kundschaft. Dann können Sie mit diesen die Informationsphase gemeinsam durchlaufen.

Sie lesen es ja gerade! Eine Kundschaft welche sich in der Informationsphase befindet, kann auch eine Rückwärtsbewegung durchführen, solange sie unschlüssig bleibt.

Sie wird eine Pendelbewegung zwischen der Produktnutzen- und Informationsphase durchführen. Sie wird unschlüssig bleiben. Es sei denn, sie gerät in eine Zwangssituation und fühlt, nun muss der Ersatz her.

Dann kann es zufällig irgendein Handelspartner sein.

Denken Sie an meine Geschichte vom kauf der Dose mit Tee. Die Kundschaft schätzt alle Anbieter ein und dann wird darunter nur einer ausgewählt. Die Kundschaft wird nicht mit Bestimmtheit sagen können warum nun gerade dieser und kein anderer. Sie hat zufällig ausgewählt. Wollen Sie alles dem Zufall überlassen? Ob die Kundschaft mit Ihnen Kontakt aufnimmt um sich über Ihre Produkte oder Dienstleistungen zu informieren liegt darum nur an Ihnen? Ergreifen Sie die Initiative!

Sie haben es geschafft die Kundschaft, die aus dem eigenen Bestand durch ihr bisheriges Kontinuum hindurchbetreut wurde, oder jene Verwandtschaft von jener Geburtstagfeier, diese befinden sich nun in der Informationsphase.

Jetzt ist die Dualität der Situation gegeben. Zum einen, Sie erfragen Informationen über die Kundschaft und dessen Bedarf. Somit informieren Sie sich über die Kundschaft. Sie informieren aber auch die Kundschaft über die passenden Produkte oder Dienstleistungen, welche diese benötigt. Die Kundschaft erfragt ihre Informationen! Dann erst wenn Kundschaft und Verkäuferschaft auf einander eingehen und beide in dieser Situation in der Informationsphase sind, werden die notwendigen Energien an die Kundschaft weitergegeben um ihnen die Impulse zu geben, für eine Bewegungsrichtung hin zum Verkaufen.

Sie oder Ihr Team haben es geschafft die Kundschaft in die Informationsphase hinein zu betreuen. Ihr Datenwarenhaus besitzt inzwischen eine große Menge an Informationen. Aber einmal ehrlich. Sie können noch so viele davon besitzen, warum die Kundschaft gerade jetzt den Anstoß erhielt sich im Kontinuum zu bewegen, kann die Kundschaft nur selber verraten. Solange nicht Sie selber bewusst die Kundschaft in ihrem Kontinuum gesteuert haben.

Aber egal! Die Kundschaft bewegt sich nun in der Informationsphase. Wenn die Kundschaft mit Ihrer Betreuung (oder der Ihres Teams) zufrieden ist wird sie es, am besten Ihnen sagen. Oder sie sagt Ihnen einen anderen Grund. Sie nennt Ihnen einen inneren oder äußeren Einfluss. Darum fragen Sie ihn unbedingt!

Jede Information ist auch ein Energieaustausch. Mit Ihrer Information erhält die Kundschaft einen Impuls, der diese Beschleunigt. Haben Sie die richtigen Fragen gestellt? Dann werden Sie die Informationen erhalten um genau jenen Produktersatz, zu ihrem derzeitigen Nutzen, anbieten zu können.

Wenn die Kundschaft genau diese Informationen erhält wird dieser Bewegungsimpuls, die Kundschaft in Richtung Verkaufsphase weiter beschleunigen. Füttern Sie die Kundschaft mit Informationen! Bitte geben Sie genau so viele Informationen wie die Kundschaft haben möchte.

Nicht mehr aber auch nicht zu wenige. Notieren Sie sich die gegebenen Informationen. Wohin? Natürlich, in das Datenwarenhaus.

Je genauer dieser Informationsfluss von Ihnen zur Kundschaft und von diesem zurück zu Ihnen fließt. Umso mehr Energie zwischen Ihnen fließt, treibt diese den Kunden immer schneller in seinem Kontinuum voran. In die Richtung, hin zur Verkaufsphase!

Die Verkaufsphase

Sie haben Ihre betreute Kundschaft in die Verkaufsphase begleitet! Was zeichnet die Verkaufsphase aus? Welcher Prozess findet statt, damit von einem erfolgreichen Verkauf gesprochen werden kann? Es gibt nur ein einziges Resultat welches hier am Ende des Prozesses stattfindet. Die Unterschrift unter den Vertrag!

Nur wenn beide Vertragspartner diesen mit gutem Gewissen und Wohlempfinden abschließen, ist der Verkaufsprozess wirklich erfolgreich verlaufen. Wie gelangen nun aber beide Handelspartner dorthin?

Bekanntermaßen ist es ein vielfältiger Prozess. An diese Stelle des Kontinuums gelangen Sie mit Ihrer Kundschaft erst, wenn Sie diese bis hierhin betreut haben. Sie mussten diese an irgendeiner Stelle des Kundenkontinuums akquirieren. Danach begleiteten Sie die Kundschaft von der Phase in der Sie die Kundschaft akquiriert haben bis in die Verkaufsphase. Dieses kann fast ein ganzes Kontinuum lang dauern. In dieser Zeit sammeln Sie Informationen über den Kunden und er sammelte Informationen über Sie und Ihre Produkte oder Dienstleistungen. Sind Sie nun gemeinsam in der Verkaufsphase angelangt, gibt es genau 3 Gründe, warum ein Kunde kauft. <u>Wunsch, Bedarf oder Zwang</u>.

Jeder Kunde der ein Produkt oder eine Dienstleistung erwirbt, unterliegt einem der 3 Gründe.

Wobei das Vorhandensein eines dieser Gründe nicht alleine ausreichen muss, um die Kundschaft zum Kauf zu bringen. Weder nur der alleinige Wunsch, der Bedarf oder das Gefühl des Zwanges bewegt den Kunden letztendlich auch zum Kauf. Vielmehr sind es zusätzliche Dinge die den Kauf erst perfekt machen. So ist natürlich das Produkt entscheidend, der finanzielle Hintergrund oder der zum Produkt gehörende Service. Alldieses ist nur in ihrer Gesamtheit zu sehen. Unterliegt die Kundschaft einem Gefühl des Zwanges, weil ihr derzeitiges Produkt die Funktionalität zur Gänze aufgab, dann ist diese bereit einen anderen Rahmen zu wählen, als Kundschaft die sich nur einen Wunsch erfüllen möchte. Der Ersatz des funktionslosen Produktes lässt diese vielleicht von einer weiterentfernten Verkaufsstelle einkaufen. Sie nimmt die größere Wegstrecke in Kauf. Oder sie ist bereit einen zusätzlichen Service zu bezahlen. Hier vielleicht den Bringedienst. Eine Kundschaft die sich dieser Situation bewusst ist, wird andererseits bereit sein auch auf alternative Produkte zuzugreifen. Sie, liebe Verkäuferschaft haben sich mit nichtmarktgerechten Alternativen auseinander zu setzen. Sie werden in dieser Situation ein Produkt anbieten müssen, womit der Kunde am Ende nicht bedarfsorientiert bedient wird. Sie als der bisherige Lieferant sind dadurch zusätzlich gefordert.

Die Kundschaft die sich einen Ersatz zwingend beschaffen muss, wird in zeitnaher Zukunft zur Unterschrift kommen. Die Bewegungsgeschwindigkeit dieser Kundschaft hat jetzt ihr allerhöchstes Tempo erreicht.

Spätestens jetzt müssen Sie alle Register ziehen, oder diese Kundschaft wird sich anderswo bedienen lassen.

Leider ist unter vielen Verkäufern immer noch die Meinung vertreten, Kundschaft in Zwangssituation wäre die beste, weil sie schnell unterschreibt, oder schnell wieder weg ist und somit wenig Arbeit machen.

Ist es wirklich unser Ziel, so Kundenbeziehung aufzubauen? Warten Sie also nicht so lange! Gehen Sie aktiv auf die Kundschaft zu. Bleiben Sie mit dieser in Kontakt! Dann werden Sie rechtzeitig feststellen, wann aus dem Kaufwunsch ein Bedarf erwächst. Wenn Sie jetzt mit dieser Kundschaft gemeinsam den Bedarf ermitteln und dahingehend bedienen, haben Sie und auch die Kundschaft die Zeit sich genau ihre Produkte oder Dienstleistungen zusammenzustellen welche tatsächlich benötigt wird. Sie haben in dieser Situation sich allenfalls nur mit gleichem Markt auseinander zu setzen. Voraussetzung ist jedoch, Sie haben den Kundenbedarf tatsächlich richtig hinterfragt und bedienen die Kundschaft ehrlich und laut Bedarf.

Wie gelangen Sie aber an das Ende mit jenen allseits zufriedenstellenden Unterschriften? Auch hier müssen Sie einen Leitfaden beibehalten! Dieser Leitfaden ist am Anfang ganz gewiss ein wirres Knäul, aber Ihre Aufgabe ist es die Kundschaft mit Hilfe des Leitfadens entspannt und kontinuierlich zu begleiten. Im Prinzip kann die Verkaufsphase in verschiedene Sektionen unterteilt werden.

- Die Begrüßung

- Die Bedarfsanalyse

- Die Produkterklärung

- Die Nutzwerterklärung

- Das Preisgespräch

- Vertragsunterzeichnung

- Überleitung zur Produktionsphase

Diese 7 Sektionen grenzen sich keineswegs durch eine starre Grenzziehung ab! Es ist wie im gesamten Verkaufskontinuum, so auch hier. Die Kundschaft bewegt sich! Sie erhält Impulse und auf Grund dieser, bewegt sie sich. Die sich daraus entwickelnde Bewegungsrichtung ist abhängig von genau diesen Impulsen. Ein Impuls kann die Bewegungsrichtung der Kundschaft ändern. Sie kann vorwärts, rückwärts und seitwärts gerichtet sein. Es kann folgendes Szenario geschehen: Ihre Kundschaft stößt im Sektor „Preisgespräch" über die finanziellen Grenzen! Wird diese ihre Kaufabsicht daraufhin gänzlich aufgeben? Nein! Sie als gebildete Verkäuferschaft werden eine veränderte Bedarfsanalyse nun unter Berücksichtigung dieser Situation durchführen. Sie werden anhand dieser finanziellen Grenze ein Produkt erklären, welches zu den Bedürfnissen der Kundschaft passt.

Vergessen Sie jede Schulung in Bezug auf Einwandsbehandlung an dieser Stelle!

Selbst wenn die Kundschaft ihre Unterschriften leistet, wird sich der finanzielle Rahmen nicht verändern. Ihre Kundschaft wird sich dieses Produkt auf Dauer nicht leisten können! Wenn Sie Glück haben wird sie sich nur von dem Produkt und damit von Ihnen trennen. Wenn Sie Pech haben, wird ein Anwalt eingeschaltet und der europäische Verbraucherschutz bemüht, um Sie wegen Falschberatung zu verklagen. In diesem Fall dann auch mit Recht.

Sollten Sie an einer solchen Stelle Ihre Kundschaft in der Verkaufsphase antreffen, dann hinterfragen Sie! Die Kundschaft möchte ja eine Lösung, sie kamen gerade darum zu Ihnen. Zeigen Sie ihr auf, wie Sie ehrliche Handelspartner miteinander werden.

Natürlich wird es auch die Kundschaft geben, die mit Forderungen zu Ihnen kommt und ein Produkt erwerben möchte zu unannehmbaren Konditionen. Dann sagen Sie dieses auch der Kundschaft. Wenn die finanzielle Grenze der Kundschaft unter dem Einkaufspreis Ihres günstigsten Produktes liegt, dann ist dieser Kontakt im Moment nicht bedienbar. Diese Kundschaft wird weiterhin im Verkaufskontinuum ihres bisherigen Produktes verbleiben. Vergessen Sie aber niemals, diese Information in das Datenwarenhaus einzutragen. Bedenken Sie die Zeit in der diese Kundschaft ihr derzeitiges Produkt weiter nutzt, könnte dazu beitragen die finanzielle Grenze zu heben. Auch könnte zu ihrer Produktpalette Artikel hinzukommen, welche in diesen Grenzbereich stoßen. Dann wird aus diesem Kontakt eine mögliche Kundschaft!

Ihre Kundschaft hat über diesen Zeitraum hinweg eine Seitwärtsbewegung durchgeführt. Jetzt holen Sie diese Kundschaft, von dort zu einem erneuten Preisgespräch ab! Die Kundschaft kennt Ihr Produkt und dessen Wertigkeit sowie dem Nutzen den diese aus Ihrem Produkt zieht. Sie sieht, ihren finanziellen Rahmen kann sie einhalten, dann wird sie gerne bei Ihnen unterschreiben. Er wird dieses Produkt gerne nutzen und alle Handelspartner haben ein gutes Gefühl. Diese Kundschaft wird wieder bei Ihnen kaufen. Aber auch dann wird die Kundschaft mit einem Fadenknäuel in ihrer nächsten Verkaufsphase vor Ihnen stehen!

Lassen Sie uns doch diesen Knäul einmal entwirren. Sie werden in der Begrüßungsphase mit persönlichen Worten ein Gespräch eröffnen. Möglicherweise ist die Kundschaft angespannt und im Gegensatz zu Ihnen, nicht täglich mit Verkaufsgesprächen beschäftigt. Lassen Sie diese entspannen. Bemühen Sie Ihr Datenwarenhaus. Sie erfahren vielleicht etwas, worüber Sie vorerst abseits von Produkten und Dienstleistungen reden können. Gut eignet ist ein Gesprächsthema welches über die Kundschaft handelt. Lassen Sie diese über sich selber reden. Hören Sie dabei zu. Sie wird dabei schon davon berichten welche äußeren oder inneren Einflüsse auf sie wirkten und sie durch diese Impulse zum Wiederkauf bewegten. Leiten Sie nun geschickt in die Bedarfsanalyse über.

Erfragen Sie welche Veränderungen das „Neue" beinhalten muss, um dem Bedarf in der nun veränderten Situation abdecken zu können.

Sie konnten oben lesen welche Einflüsse Impulse auslösen die dann für die Bewegungsrichtung der Kundschaft im Kontinuum verantwortlich sind. Versetzen Sie sich in die Lage der Kundschaft. Sie werden schnell den Bedarf erkennen!

Geben Sie der Kundschaft nun genau jenes „Neue" also das Produkt oder die Dienstleistung welches diesen Bedarf deckt. Beginnen Sie die Funktionalität des Produktes zu erklären. Bringen Sie der Kundschaft dieses „Neuen" nahe. Geben Sie ihr die Sicherheit ihren Bedarf oder Zwang gestillt zu haben.

Erklären Sie nun den Nutzen den die Kundschaft aus diesem „Neuen" erhält. Nicht nur die Funktionalität zu erklären ist ausschlaggebend. Daneben ist vor allem der höhere Nutzwert ausschlaggebend. Dann ist Ihre Kundschaft bereit alle notwendigen Verträge zu unterzeichnen.

Genau so verfahren Sie auch mit Ihren Bestandskunden. Stellen Sie sich vor, ihre Kundschaft hatte bei Ihnen ein Produkt vor einiger Zeit erstanden. Durch dieses Kontinuum hindurch wurde diese durch Ihr Team betreut. Der Tag kam, an dem der Übergang zu einem weiteren Kontinuum, durch eine neue Akquisition, eingeleitet wurde. Danach wurde die Kundschaft durch die Informationsphase hindurch weiter betreut. Nun erfuhren in dieser Zeit welche Eigenschaften dieses „Neue" benötigt. Beispielsweise eine spezielle Funktion, die es beim vormaligen Kauf noch nicht gab. Darum ist die Kundschaft jetzt auch bereit neu zu kaufen. Sie hat einen Bedarf an diesem „Neuen"!

Die Kundschaft sieht die Erfüllung des Bedarfs. Sie stärken diesen Eindruck indem Sie ihr nun zusätzlich auch allen Nutzen erklären. Erklären Sie den finanziellen Vorteil der auf Dauer als Nutzeffekt auftritt. Oder die Funktion ist nun einfacher zu handhaben ist, als die frühere. Oder dieses „Neue" ist ohne zusätzliches Werkzeug zu benutzen und erspart damit die Werkzeugaufbewahrung. Suchen Sie selber einmal nach einem, zwei oder gar drei Nutzeffekten für dieses „Neue", welche der Kundschaft hilft. Sie bringen ihr damit den Nutzwert dieses „Neuen" näher. Die Kundschaft hat von Ihnen nun den Nutzen erklärt bekommen! Nun ist es an der Zeit zu fragen: „Wir haben jetzt alles besprochen?" Folgt jetzt kein Ja, dann fragen Sie nach den offenen Problemen? Beantworten Sie diese und fragen erneut danach ob alles erklärt wurde.

Irgendwann kommt die Frage nach dem Preis der zu zahlen ist! Oder der Kunde sagt Ihnen er habe keine Frage mehr zum Produkt, dann sagen Sie: „Lassen Sie uns nun über die finanzielle Seite reden!" Der Kunde der den Bedarf an Ihrem Produkt hat, möchte endlich wissen was denn nun zu bezahlen ist. Erschießen Sie ihn jetzt nur nicht mit einem Preis der irgendwo im Raum steht. Wie erwähnt ist ein Nutzen auch der finanzielle Aspekt, den dieses „Neue" <u>nach</u> seiner Anschaffung mit sich bringt. Leiten Sie nun auf das Preisgespräch über. Im Preisgespräch geht es um die Aushandlung zwischen zwei Handelsgüter.

Fast immer geht es auf der einen Seite um ein Produkt oder eine Dienstleistung also diesem „Neuen"! Auf der anderen Seite um Geld!

Nun stellen Sie sich vor dieser Handel wird auf einer Waage gemessen. Auf die eine Waagschale legen Sie Ihren Teil des Handels, die Kundschaft legt auf die andere Seite ihren Teil. Der Handel ist dann perfekt, wenn beide Waagschalen aus Sicht von beiden Handelspartnern ein Gleichmaß besitzen. Für die Kundschaft, die nur mit ihrem Geld kommen kann, musste dafür schwer arbeiten. Was es sie gekostet hat, dieses Geld zu erwirtschaften weiß nur sie. Ist sich die Kundschaft aber auch bewusst, dieses „Neue" ist genau, so und so viel ihrer geleisteten Arbeit wert? <u>Ja</u>, wenn Sie ihr vom Nutzen des „Neuen" genügend erzählt haben.

Im Preisgespräch gibt es aber diese Waage nur virtuell! Sie müssen in Ihre Waagschale so viel legen, damit diese mindestens den Wert den die Kundschaft für ihre Arbeit leistete, ausgleicht. Das Preisgespräch verlangt von Ihnen, jetzt das „Neue" zusammen zufassen dem Preis gegenüber zustellen und Sie haben noch diese oder jene Nutzen für den Kunden den sie mitliefern. Überbringen Sie den Preis inmitten der Produktdarstellung. Sie geben damit dem Kunden ein besseres Gefühl, als nur einen Preis zu sagen.

Wie reagiert die Kundschaft? Ist ihr finanzieller Rahmen eingehalten? Sie hatten in der Bedarfsanalyse ja danach schon gefragt. Möglich ist dieses „Neue" hat einen höheren Anschaffungspreis als das „Bisherige" Jedoch ist die dauernde Nutzung günstiger. Durch diese erläuternde Nutzenerklärung steht am Ende des Preisgespräches der Vertragsunterzeichnung nichts mehr im Wege.

Halten Sie im Vertrag wirklich alles fest worüber gesprochen wurde. Notieren Sie die Versprechen welche Sie der Kundschaft gegeben haben. Es ist wichtig, beide Seiten finden ihre ausgehandelten Waagschalen im Vertrag wieder. Bedenken Sie dieser Vertrag muss später für die Produktionsphase nachvollziehbar sein.

Der Vertrag ist von beiden Seiten unterzeichnet. Dann erklären Sie der Kundschaft wie es nun weitergeht mit ihrem Handelsgeschäft. Je nach der Beschaffenheit des „Neuen" dauert die Produktion länger oder kürzer. Dieses sollten Sie mit der Kundschaft abklären. Natürlich sollten Sie auch die im Preisgespräch festgelegten Zahlungsmodalitäten noch einmal besprechen. Sollte eine Anzahlung vor Produktionsbeginn fällig sein oder während der Produktion Abschlagzahlungen, dann ist es jetzt die Zeit darüber zu sprechen. Leiten Sie nun die Kundschaft mit diesen Worten in die Produktionsphase über. Hinterlegen Sie den Vertag und alle Informationen in Ihrem Datenwarenhaus!

Die Produktionsphase

Sie haben Ihre Kundschaft eine Wegstrecke durch das Verkaufskontinuum bis zur Produktionsphase hindurch betreut. Sie heben nun unter allen Dokumenten die Unterschriften und die Kundschaft erwartet von Ihnen das Produkt oder die Dienstleistung, also diese „Neues"! Je nach dessen Beschaffenheit werden Sie nun die nächste Zeit damit verbringen Ihren Teil des Vertrages zu erfüllen.

Diese Zeit kann schnell vergehen oder länger dauern. Wenn Sie der Kundschaft genau erklärt haben, was geschieht damit Sie Ihren Vertragsteil erfüllen, dann ist diese zufrieden. Bei längeren Produktzeiten ist es sehr gut die Kundschaft mehrmals zu kontaktieren. Je nachdem wie Sie es in der Überleitung zur Produktionsphase besprochen haben, sollten Sie der Kundschaft nun auch mit dem Stand der Produktion vertraut machen. Sie haben den Kontakt damit weiterhin!

Leider kann auch geschehen, die Kundschaft bereut ihren Kauf. Diese Kundschaft hat einen neuen Impuls erhalten. Dieser Impuls bewirkt eine Richtungsänderung in Bezug auf die Bewegung oder der Impuls wirkt direkt auf die Position der Kundschaft im Kontinuum. Diese Änderung bewirkt Veränderungen in den Vertragsunterlagen. Möglicherweise bis hin zur Aufhebung des Vertrags.

Die Kundschaft darf nach europäischem Recht eine gewisse Zeit dieses auch! Daran können Sie nichts ändern. Bringen Sie diese Zeit in der Produktionsvorbereitung unter. Nach dieser Zeit wenn die Produktion auch schon angelaufen ist, haben Sie in Ihren Vertragsunterlagen entsprechende Regelungen hinterlegt.

Reagieren Sie bei einer solchen Situation immer zum Wohle des Kunden. Wenn Sie keine Produktionsprobleme durch die Änderung haben, dann geben Sie dem Kunden seine Änderung doch kostenfrei weiter. Sollte ein zusätzlicher Aufwand entstehen, sprechen Sie mit der Kundschaft darüber. Erfragen Sie immer nach dem Grund der Abänderung.

Vielleicht stellen Sie einen höheren Nutzenbedarf für die Kundschaft fest. Sie wird es Ihnen sogar fast immer sagen wenn Sie danach fragen. Erklären Sie der Kundschaft die fällige Mehraufwendung. Verkaufen Sie an dieser Stelle den geänderten Kundenwunsch. Umschreiben Sie die Änderung, stellen den Preis dar und bringen den Kundennutzen noch einmal. Dann halten Sie die Änderung fest. Sie werden sehen es ist gar nicht so schlimm, der Kundschaft eine Änderung zu verkaufen. Vergessen Sie nie, sich in die Lage der Kundschaft einmal zu versetzen. Überlegen Sie sich, welcher Grund steckt hinter der Änderung? Hatte die Kundschaft schon bei der Bestellung diesbezüglich Bedenken geäußert?

Was haben Sie sich dazu in Ihrem Datenwarenhaus notiert? Wichtig wäre die Frage nach dem Woher des Impulses? Neben den äußeren treten zu jedem Zeitpunkt auch innere Einflüsse auf.

Betrachten wir den Änderungswunsch einmal näher. Schon während der Verkaufsphase in der Sektion Bedarfsanalyse wurde die Beschaffenheit besprochen. Nach Verkaufsabschluss kann es eine Weile dauern bis die Kundschaft sich noch einmal mit dieser Beschaffenheit beschäftigt. Gut, wenn Sie diese Änderung noch in der Produktion berücksichtigen können. Dieser innere Einfluss ist aber kein böser Wille sondern ein Zeichen, die Kundschaft beschäftigt sich mit dem „Neuen"..

Neben den Inneren Einflüssen treten aber auch äußere Einflüsse in Erscheinung, diese sind unzählig und vielfältig. Während der Produktionsphase können gesetzliche Änderungen auftreten, diese verlangen Änderungen des Vertrages. Hierbei wird es auch gesetzliche Regelungen geben. Einflüsse können aber auch von anderen Handelspartnern der Kundschaft kommen. Alle Fälle von Änderungen sollten Sie aufnehmen. Behandeln Sie diese wie einen neuen Verkauf. Kämpfen Sie an der Seite der Kundschaft um diesen Vertrag. Sie haben im Vertrag Abschlagszahlungen vereinbart? Diese werden jetzt fällig? Dann haben Sie einen weiteren Grund die Kundschaft zu kontaktieren.

Sie haben einen gewissen Produktionszustand dieses „Neuen" als Termin für den Abschlag vereinbart. Schön senden Sie einen Beweis! Dieses kann ein Foto oder Video sein und senden Sie die Abschlagsabrechnung. Verfolgen Sie den Zahlungseingang. Er kommt wie vereinbart, Prima! Aber wenn er nicht kommt? Sprechen Sie weiterhin mit der Kundschaft. Auch jetzt wird sie antworten, bei richtiger Fragestellung. Fragen Sie nach dem Hintergrund des Zahlungsverzuges. Regeln Sie im Einvernehmen diese Vertragsunzulänglichkeit.

Schön wenn Sie nun alles wieder geregelt haben. Die Produktion ist beendet und die Auslieferung des Produktes steht bevor. Bereiten Sie diesen Moment für den Kunden besonders vor. Die Produktübergabe ist ein besonderer Moment für Sie und die Kundschaft. Diese übernimmt nun ihr Produkt! Sie werden es noch einmal erklären! Hierbei gehen Sie natürlich ganz besonders auf den von der Kundschaft gewünschten neuen Effekt ein. Erklären Sie diesen noch einmal in Verbindung mit dem jetzt erzielbaren Nutzen.

Natürlich steht Ihnen nun der Gegenwert, für das von Ihnen gelieferte „Neue", die Bezahlung, zu. Die Kundschaft die Sie so lange begleitet haben, wird Ihnen das Geld nicht schuldig bleiben.

Es hat sich doch etwas in Ihrem Handelsverhältnis ergeben, welches die Zahlung verhindert? Auch hier sprechen Sie mit der Kundschaft.

Wenn auch diese das Verhältnis retten möchten, wird sie Ihnen sagen welche Einflüsse auf sie wirkten. Reagieren Sie darauf. Bedenken sie auch wieder an dieser Stelle. Die Kundschaft muss nicht zwingend mit bösem Willen, die Zahlung verzögern. Wenn Sie über diese Hintergründe Informationen sammeln, sollten diese im Datenwarenhaus landen. Sie werden beim Betreten des nächsten Verkaufskontinuums eine zusätzliche Position in der Bedarfsanalyse sein. Sprechen sie dieses gezielt an, denn Sie werden bis dahin eine Lösung parat haben. Damit zeigen Sie Kompetenz, und Sie sichern ab damit, diese Situation nicht wieder eintritt. Die Kundschaft weiß nun, Sie kennen die finanzielle Situation. Sie haben eine Lösung! Also zeigen Sie der Kundschaft bei der Produkterklärung diesen zusätzlichen Nutzen auf. Sie bekommt wenn sie bei Ihnen kauft einen Mehrnutzen! Ihre Kundschaft wird kein schlechtes Gewissen haben wenn Sie während der Produktnutzenphase weiterhin von Ihnen betreut wird.

Die Produktnutzenphase

Sie haben die Kundschaft nun bis in die Produktnutzungsphase hinein betreut. Nach ersten Kontakten akquirierten Sie diese und erstellten die fundamentalen Informationen für Ihr Datenwarenhaus. Danach tauschten Sie alle wichtigen Informationen miteinander aus. Sie festigten dadurch die Partnerschaft um in der Verkaufsphase erfolgreich die Unterschriften unter die Dokumente zu setzen. Sie produzierten für die Kundschaft ihr wunschgemäßes und bedarfsorientierte „Neue". Die Kundschaft benutzt nun ihr erworbenes „Neues". Sie erhielten dafür Ihren Lohn.

Sie werden jetzt die Handelspartnerschaft an dieser Stelle nicht beenden! Jetzt ist es an der Zeit an den nächsten Verkauf zu denken. Denn an diesem Punkt beginnen Sie bereits diese Kundschaft auf den Wiederkauf vorzubereiten. Vergessen Sie nie, Ihr Produkt wird früher oder später nicht mehr dem Bedarf des Nutzers entsprechen. Die Kundschaft wird in der nächsten Zeit mit vielen Einflüssen von innen und außen mit Impulsen versorgt. Diese Impulse bewegen die Kundschaft! Darum vergessen Sie nicht: „Der wichtigste Impulsgeber müssen Sie sein!"

Wollen wir einmal betrachten welche Sektionen in der Produktnutzungsphase zu finden sind:

- Produktkennenlernen

- Produktgenuss

- Produktgewohnheit

- Produkterschöpfung

Wie nutzt der Kunde während der einzelnen Sektionen nun sein „Neues"?

Die Kundschaft wird zu Beginn, also direkt nach dem Erhalt eine Zeit des Kennenlernens absolvieren. Hierbei wird die Käuferschaft mit neuen oder anderen Eigenschaften des „Neuen" gegenüber dem „Alten" konfrontiert. Eine Kundenbetreuung aus Ihrem Unternehmen, die sich um die Kundschaft kümmert, wird diese Zeit miterleben. Sie wird auch helfen können, Fragen bei der Funktionalität des „Neuen" zu beantworten. Sie involvieren die Kundschaft nach und nach in der Nutzung des „Neuen". Die Kundschaft erfährt in dieser Zeit die Berechtigung am Preis-Leistungs-Verhältnis. Nur wenn die Betreuung die Kundschaft begleitet, kann sie diese gegen Zweifel immunisieren.

Nach der Phase des Kennenlernens eines Produktes folgt die Genussphase. In diesem Zeitraum hat die Kundschaft ihr „Neues" schätzen gelernt und nutzt dieses auch.

Die Kundschaft wird sich mit Freunden, Geschäftspartnern oder eigenen Kunden darüber austauschen. Die immunisierte Kundschaft steht loyal zu dem „Neuen". Sie wird jetzt jedoch auch von ihren Freunden, Geschäftskunden und allen ihren Kontakten nach den Eigenschaften befragt. Es wird der Kundschaft von diesen Seiten Zweifel und möglicherweise auch Ablehnung begegnen. Diese rühren nicht zwangsläufig nur von Gegnerschaft in Bezug auf Ihr Produkt, sondern sehr häufig von fehlendem Wissen dieser Außenstehenden. In dieser Situation erweist sich eine sachgerechte Nachbetreuung als wichtiger Baustein. Sie können mit Ihrem fundierten Wissen der Kundschaft und ihren Freunden und Geschäftspartnern die Produktvorteile offenbaren, welche bisher verborgen waren. Die Kundschaft hat hiervon direkten Nutzen. Bei dieser Gelegenheit können Sie auch sofort neue Kontakte knüpfen, um daraus später Ansätze für eine Akquise zu finden. Somit eröffnen Sie ein neues Datenwarenhaus. Betreuen Sie diese erworbenen Kontakte, damit daraus Kundschaft wird.

Nach dem Ihre Kundschaft in der Sektion des Produktgenusses ihr „Neues" nun vollständig kennt und geniest schließt sich jetzt die Sektion der Produktgewohnheit an. Die Kundschaft wird das „Neue" aus Gewohnheit benutzen. Sie hat sich inzwischen an die Handhabung des „Neuen" als selbstverständlich gewöhnt. Die Erinnerung an den Kaufpreis verblasst langsam.

Ihre Kundschaft hat in der zurückliegenden Zeit festgestellt die finanziellen Grenzen wurden nicht überschritten. Sie konnten sich auch die dauerhafte Nutzung leisten. Darum möchte sie die Nutzung des „Neuen" auch so lange als möglich durchführen. Sie hat sich an vieles gewöhnt und möchte dieses nicht mehr missen.

Aber wie alles auf Erden, wird auch dieses „Neue" seinen Glanz und auch seine Funktionalität verlieren. Im Allgemeinen geschieht dieses nicht wirklich akut sondern schleichend. Diese Sektion wird als Produkterschöpfung bezeichnet. Es beginnen die ersten Verschleißerscheinungen aufzutreten. Bei diesem ersten Auftreten wird noch eine Reparatur durchgeführt. Danach wird probiert wie sich dieses nun schon „Alte" noch nutzten lässt. Sollten es nur geringe Einschränkungen geben. Wird dieses hingenommen. Sie als Kundenbetreuer sind nun in der höchstwichtigen Aufgabe, im Datenwarenhaus diesen Prozess zu dokumentieren. Die Kundschaft steht bereits kurz vor der Akquisitionsphase für ihr zukünftiges „Neues"! Sie haben in den 4 Sektionen der Produktnutzungsphase immer den Kontakt aufrechtgehalten? Dann haben Sie die Informationen auch hinterlegt? Ihr Datenwarenhaus liefert jetzt viele Informationen, also nutzen Sie diese. Nehmen Sie Kontakt mit der Kundschaft auf, erfassen Sie die aktuellen fundamentalen Daten! Lassen Sie Ihrer Kundschaft Informationen zukommen.

Informieren Sie sich über den derzeitigen Bedarf dieser Kundschaft! Informieren Sie diese über Ihre gesamte Produktpalette. Die Kundschaft entscheidet welche Alternative für sie besser ist, das „Alte" weiter zu nutzen oder sich ein „Neues" zuzulegen. Egal, die Kundschaft ist weiter in Ihrer Betreuung. Ihre Kundschaft werden Sie regelmäßig informieren! Sie wissen, nur so erfahren Sie, wann die Kundschaft in ihrer Nutzungsphase durch die Vielzahl von Impulsen am Ende angelangt ist. Sobald dann auch ihr „Altes" dem endgültigen Verschleiß nahe ist beginnt die Kundschaft damit sich Gedanken über etwas „Neues" zu machen. Nun werden Sie diese akquirieren.

Nun haben wir diese Kundschaft einmal durch ein ganzes Verkaufskontinuum begleitet. Ich habe hier in diesem Band, nur einen kurzer Abriss darüber geschrieben. Denn im Band „Nach dem Kauf ist vor dem Kauf" gehe ich auf diese Phase tiefgründig ein.

Kybernetische Überlegungen in Bezug auf die Steuerung der Abläufe im Kontinuum

In den vorherigen Abschnitten erläuterte ich die Phasen des Verkaufskontinuums. Diese waren die:

- Die Akquisitionsphase

- Die Informationsphase

- Die Verkaufsphase

- Die Produktionsphase

- Die Produktnutzungsphase

Es sollte für jeden der in der Kundenbetreuung eingebunden ist, immer unmissverständlich klar sein, jede Phase im Kontinuum ist gleichermaßen wichtig. In der Realität läuft das Kontinuum abhängig von der Produktlaufzeit sehr unterschiedlich ab. Ohne Frage gibt es Produkte welche eine sehr hohe Kontinuumsgeschwindigkeit besitzen. Andere Produkte besitzen eine sehr lange Laufzeit und relativ geringe Geschwindigkeit. Für diese Produkte welche selber auch sehr langlebig sind, benötigt die Kundschaft sehr viele Impulse um sich im Verkaufskontinuum voran zu bewegen.

Nun ist es ja nicht in Ihrem Interesse die Kundschaft willkürlichen Impulsen zu überlassen. Wenn Sie dieses verhindern wollen, geht es nur sich mit der Thematik der Impulse zu beschäftigen. Diese Impulse sind verantwortlich wohin sich die Kundschaft im Kontinuum bewegt.

Zur Untersuchung dieser Thematik begeben wir uns in ein wissenschaftliches Teilgebiet, der Kybernetik. Hierzu einige Worte der Erklärung. Bereits in antiken Schriftstücken wird der Begriff Kybernetik verwendet. So meinte bereits Homer damit die Aufgaben des Steuermannes eines Schiffes. Bei Platon wurde der Begriff des Kybernetikers dahin ausgelegt, er bediene das Steuerruder einer Regierung. Später wird der Apostel Paulus, dem Kybernetiker die Fähigkeit <u>zu leiten</u>, zu sprechen.

In der heutigen Zeit umfasst die Kybernetik alle Gebiete welche mit der Steuerung und Leitung von Prozessabläufen in Berührung kommen. In der Elektronik treffen wir diese Wissenschaft häufig im Zusammenhang mit Mess-, Steuer- und Regeltechnik. Hierbei wird von einem Zustand ausgegangen der mittels geeigneter Technik gemessen werden kann. Sollte vom Istzustand eine Abweichung auftreten, wird die Steuertechnik aktiviert, die durch Regelung den Istzustand wieder herstellt. An diesem vereinfachten Modell lässt sich auch erklären, stetige Einflüsse wirken auf jedes System ein.

Der Istzustand in einem System ist als gegebenes Soll festgelegt. Durch innere oder äußere Einflüsse wirken Impulse auf dieses System ein. Diese Impulse bewirken eine Abweichung von diesem Soll. Die Messeinrichtung stellt diese Abweichung fest. Sie aktiviert die Steuereinrichtung. Diese erhält durch die Messeinrichtung die Information über die Änderungsrichtung. Jetzt bekommt die Regeltechnik vorgegeben welche Maßnahmen durchgeführt werden um den Zustand des Solls wieder zu erreichen.

Ein Beispiel genau hierfür ist ein exakt temperierter Raum. Dieser könnte in einem Museum zu finden sein, damit dort gelagerte Kunstschätze optimal überdauern. Es gibt dort eine Messeinrichtung welche die Raumtemperatur überprüft. Tritt eine Abweichung auf, gibt es eine Information. Bei manueller Steuerung wird ein Mensch die Temperierung so regeln, bis sich die Solltemperatur wieder eingestellt hat. Genauso kann die Steuerung auch auf ein Gerät übertragen werden. In unserem Bespiel finden wir in diesem Menschen den Steuermann! Er leitet die Veränderung in der Wärmezufuhr ein. Er ist der Kybernetiker in diesem System!

Zurück zum Verkaufskontinuum! Ist es möglich einen Steuermann, einen Kybernetiker, im Verkaufskontinuum zu platzieren? Aber ja! Sie! Werden Sie zum Kybernetiker des Verkaufskontinuum!

Sie erhalten aus Ihrem Datenwarenhaus eine Information, dann beginnen Sie zu steuern. Steuern Sie die Impulse welche auf den Kunden einwirken. Wir hatten ja schon einmal jenes Geburtstagstelefonat erwähnt. Dieses ist ein kleines Beispiel wie Sie die kybernetischen Gesetze im Verkaufskontinuum anwenden. Hierbei wissen Sie um einen inneren Einfluss der auf den Kunden einwirkt. Selbstverständlich ist der Geburtstag ein innerer Einfluss der durch Impulse auf die Geschwindigkeit oder Richtung des Verkaufskontinuums einwirkt. Je älter der Kunde wird, können sich durch die Alterungsprozesse geänderte Ansprüche an Produkte oder Dienstleistungen ergeben. Diese verlangen dann nach einem „Neuen"! Aber auch die Produktalterung ist ein Aspekt. So verschleißt ein Produkt und Sie wissen anhand Ihres Datenwarenhauses wie alt dieses im Moment „Genutzte" ist. Somit können Sie abschätzen wann das Ersatzkontinuum beginnen wird.

Wie Sie an diesem Beispiel sehen, sind Einflüsse auf die Kundschaft, entscheidende Impulsgeber für die Bewegung jener im Verkaufskontinuum.

Einflüsse so haben wir festgestellt, nehmen einen wichtigen Platz bei der Bewegungsrichtung und Bewegungsgeschwindigkeit der Kundschaft im Verkaufskontinuum ein. Darum ist es wichtig zu wissen welche Einflüsse es gibt.

Genau wie unser Steuermann nur in die richtige Richtung steuern kann wenn er ein genaues Messergebnis erhält, braucht der Steuermann im Verkaufskontinuum bestmögliche Informationen über genau diese Einflüsse. Wenn es gelingt diese Einflüsse zu steuern, steuern Sie auch die Richtung und Geschwindigkeit der Kundschaft im Verkaufskontinuum. Die Informationen über Einflüsse werden durch das Datenwarenhaus und dem Vorlagesystem zur Verfügung gestellt. Selbstverständlich sind die fundamentalen Informationen zum Kunden im Datenwarenhaus vorhanden. Von dort werden diese Informationen zu Ihnen gelangen. Steuern Sie diese Einflüsse und geben Sie damit zielgenaue Impulse. Diese von Ihnen gesteuerten, sind äußere Einflüsse.

Im Gegensatz dazu gibt es die inneren Einflüsse. Innere Einflüsse sind all jene die persönlich vom Kunden oder vom Produkt ausgelöst werden und auf das System Kunde-Produkt einwirken. Ein Beispiel nannten wir schon, der persönliche Alterungsprozess. Hierbei wäre erwähnenswert die Zu- oder Abnahme des Körpergewichtes. Veränderung im Aussehen oder Gebrechlichkeit. Ebenso zählen hierzu produktspezifische Dinge welche als innere Einflüsse gelten. Die Beschaffenheit oder Veränderlichkeit des Produktes. Innere Einflüsse lassen sich daher in 2 Gruppen einteilen. Die eine Gruppe betrifft Einflüsse die auf Grund der Alterung von Produkt und Kunden in Erscheinung treten.

Die andere betrifft Einflüsse, welche auf Veränderungen des persönlichen Empfindens der Kundschaft entstehen.

Einflüsse der ersten Gruppe treten ganz gesetzmäßig auf. Bei Produkten ist der Alterungsprozess ganz bewusst steuerbar. Mit der Einführung der Nachfolgegeneration eines Produktes wird nur noch für dieses „Neue" der Service angeboten. Damit ergibt sich, jeder Nutzer des „Alten" wird früher oder später zu einem Käufer des „Neuen". Ebenso lässt sich voraussehen, wann der Alterungsprozess des Nutzers nach einem „Neuen" verlangt. Auch hier muss gezielt eine Steuerung der Impulse durchgeführt werden. Erstellen Sie nur für sich alleine eine Liste, welche inneren Einflüsse in Ihrer Praxis existieren und Impulse auslösen. Sie werden feststellen, es gibt impulsgebende innere Einflüsse welche gehäuft auftreten? Jetzt ist es Ihre Aufgabe, diese gezielt zu untersuchen! Sie stellen fest es gibt ein System hinter dem Auftreten dieser Einflüsse. Benutzen Sie dieses System zur Impulssteuerung.

Einflüsse der 2. Gruppe lassen sich nicht so einfach einordnen. Ein Beispiel Ihre Kunden(Familie) bekommt Nachwuchs. Sicherlich kann es auf die Nutzbarkeit des „Alten" entscheidenden Einfluss ausüben. Der bis zur Nutzungsunmöglichkeit führen kann.

Dann wird die Notwendigkeit der Anschaffung eines „Neuen" zwingend. Ein allgemeines Eintreten dieses Einflusses lässt nicht wirklich gesteuert herbeiführen, aber er lässt sich voraussehen! Jedoch nur, wenn Sie ständigen Kontakt pflegen und die daraus resultierenden Informationen im Datenwarenhaus abspeichern.

Neben diesen direkten inneren Einflüssen gibt es auch solche, welche durch äußere Einflüsse hervorgerufen wurden! Hierunter sind Einflüsse zu verstehen welche von außen auf das System Kunde-Produkt einwirkt. Hierzu zählen zum Beispiel: Veränderungen in der Gesetzgebung, Produktneuheiten auf dem Markt, Änderungen am Arbeitsverhältnis durch den Arbeitgeber. Stellen Sie eine Liste der äußeren Einflüsse auf, welche eine Reaktion (also einen inneren Einfluss) auf Ihre Kundschaft hervorruft. Auch bei den Einflüssen werden Sie eine Häufung ermitteln. Lassen sich diese Einflüsse voraussehen? Welchen Impuls lösen diese Einflüsse aus? Wohin bewegt sich die Kundschaft mit welcher Geschwindigkeit? Sobald Sie diese Schlussfolgerungen ermitteln, ergreifen Sie Maßnahmen! Die Kundschaft wird in Richtung Neukauf beschleunigt? Dann muss unbedingt die Akquisition für ein neues Kontinuum eingeleitet werden. Noch besser ist es gleich eine Kundengruppe zu ermitteln, welche durch diesen Einfluss betroffen ist.

Eine bestimmte Kundschaft wird durch eine Änderung in der Gesetzgebung gezwungen Maßnahmen zu ergreifen. Die Einführung der Nichtrauchergesetze war solch eine Situation. Alle Gaststätten standen vor der Aufgabe eine Lösung herbeizuführen. Die öffentlichen Einrichtungen mussten eine Raucherinsel schaffen. Hersteller von hermetischen Raucherinseln in Gebäuden boten diese Lösung. Eine aktive Kundenbetreuung dieser Hersteller ermittelte die exakte Zielgruppe. Durch diesen äußeren Einfluss mit einer zeitlichen Zielsetzung verbunden führte zur Beschleunigung aller dieser Kunden. Auch hier lässt sich unser oben erwähntes Modell anwenden. Die Information über die Änderung des zukünftigen Istzustandes gelangt zu Ihnen. (die Messeinrichtung) Sie empfangen diese Information über die Entwicklungsrichtung und leiten die Steuerung ein. (Sie werden zum Kybernetiker). Aus der Information wissen Sie die Kundenbewegung hat das Ziel, Neukauf in spätestens so und so vielen Monaten. Sie leiten jetzt die folgenden Maßnahmen ein:

- Kundenakquisition

- Kundeninformation

- Verkaufsaktivität

- Produktion

- Kundenbetreuung für das „Neue"

Somit haben Sie den Istzustand erreicht. Sie betreuen den Kunden weiterhin! (die Regelung).

In der Kybernetik des Verkaufskontinuums gibt es eine hohe Anzahl von verschiedenen Einflüssen. Sie müssen darum auch verstehen, nicht alle Einflüsse können Sie im Voraus erkennen. Sollten Sie aber die Liste der Einflussstatistik mit dem Datenwarenhaus und dem Vorlagesystem verknüpfen, erreichen Sie Ihre Kundschaft gezielt schneller als der Markt, der ohne diese Werkzeuge arbeitet.

Resümee

Lieber Leserschaft, gemeinsam begaben wir uns auf die Reise durch das Verkaufskontinuum. Dort begegneten wir dem Datenwarenhaus. Ich stellte Ihnen dieses Werkzeug vor. Es ist unabdingbar mit einer gezielten und kontinuierlichen Kundenbetreuung verbunden. Nur mit der dauerhaften Vervollständigung und Aktualisierung werden Sie auf dem Stand sein um beurteilen zu können wo sich die Kundschaft im Verkaufskontinuum befindet. Unsere Reise führte uns durch die folgenden Phasen des Verkaufskontinuums:

- Die Akquisitionsphase

- Die Informationsphase

- Die Verkaufsphase

- Die Produktionsphase

- Die Produktnutzungsphase

In den einzelnen Phasen begegneten uns die unterschiedlichen Aufgaben, welche die Kundschaft zu ihrer Betreuung erwartet. Hierbei ist es unerheblich ob diese Aufgabe von einer einzelnen Person durchgeführt wird oder die Aufgabenteilung durch ein Team erledigt wird. Immer steht die Aufgabe, diese Ergebnisse im Datenwarenhaus zu speichern.

Es wird jedoch auch geschehen! Sie begegnen einer Kundschaft welche Sie durch die Phasen des Kontinuums hindurch betreut haben, aber dann doch anderswo kaufte! Bitte bedenken Sie, auch dann wenn diese Käuferschaft dieses mal nicht bei Ihnen gekauft hat, ist es als zukünftige Kundschaft nicht verloren. Sie wird sich an Sie erinnern! <u>Sie</u> werden diese durch das Kontinuum begleiten! Dann werden Sie erfahren ob der Verkäufer des derzeitig erworbenen „Neuen" sich um diese Kundschaft kümmert, oder nicht. Sie können erfahren, wenn die Kundschaft einen Impuls durch innere oder äußere Einflüsse erfährt, welche eine Erneuerung dieses (nun nicht mehr so „Neuen") mit sich bringt. Alles dieses haben Sie ja gesammelt und dann im Datenwarenhaus abspeichern. Nun rufen Sie es ab und bringen die Kundschaft in dieser Verkaufsphase zu ihrem „Neuen"!

Sollte es aber auch bei diesem Mal nicht so sein, dann lesen Sie noch einmal die Geschichte vom Kauf des Tee durch. Bedenken Sie, es muss immer auch die 19 Sorten Tee geben die nicht gekauft werden, wenn es die EINE Sorte gibt, die gekauft wird!

Nehmen Sie dieses Buch und vergleichen Sie in Ihrer täglichen Arbeit wie viel weitere Unterstützung Sie durch das Lesen erhalten. An dieser Stelle empfehle ich die Lektüre der weiteren Bände dieser Ausgabe.

Ihr Dirk Meybohm

Der Autor

Dirk Meybohm

Nach dem Besuch der Oberschule, dem erfolgreichen Absolvieren seiner Berufsausbildung und danach folgender beruflicher Praxis, begann er im Jahre 1990 mit der Vermittlung von Bauspar- und Versicherungsverträgen. Hierbei erlernte er die Grundlagen von verkäuferischen und akquisitorischen Fähigkeiten

Zu dieser Zeit absolvierte er zusätzlich ein Ingenieurstudium in Apolda und Dresden. In dieser Zeit fertigte, Dirk Meybohm erste Referate an, und trug diese auch vor.

Ab 1993 war er im Verkauf von Immobiliensanierungen und deren Finanzierungen, tätig. Während dieser spannenden Tätigkeit erweiterte er sein Wissen in der Direktvermarktung und der Akquisition.

Im Jahr 1997 wechselte er in die Kraftfahrzeugbranche. Hier vertiefte er sein Wissen im Verkauf. Durch den täglichen Kontakt zu den Kunden erstellte er seine Manuskripte anhand seiner täglichen Erfahrungen im Umgang mit diesen.

Er bildete sich durch Teilnahme an Schulungen und im Selbststudium weiter. Dabei begann er erste eigene Artikel zu schreiben und diese zu veröffentlichen. Die Sammlung von Artikeln wuchs schnell an.

All diese beruflichen Erfahrungen, ließen den Entschluss reifen das gesammelte Wissen zu veröffentlichen. Die erste Ausgabe seines Buches: "Das Akquisitionshandbuch" erschien dann 2009.

Im Jahr 2011 erfolgte die Überarbeitung dieses Buches und es kam zur Veröffentlichung des Bandes: „Das Verkaufskontinuum".

Mit dem Einzug von kostengünstigen elektronischen Lesemedien wuchs der Markt des elektronischen Buches. Somit erfolgte eine weitere komplette Überarbeitung der bisherigen Herausgaben.

Ihnen liegt hier nun der:

Band 1 „Das Verkaufskontinuum" vor.

Weiterhin erhältlich sind:

Band 2 „Wege zum Kunden" und

Band 3 „Nach dem Kauf, ist vor dem Kauf"

Wenn Sie bis an diese Stelle gekommen sind, dann wird Ihnen klar geworden sein, erfolgreiches Verkaufen bedeutet viel Arbeit und Beharrlichkeit die Spaß machen kann, sobald Sie damit erfolgreich sind.

Mit diesem Buch haben Sie einen richtigen Weg für Ihren Verkaufserfolg begangen.

Viel Erfolg wünscht Ihnen auf dem Weg zum besseren Verkaufen Ihr

Dirk Meybohm!

Herstellung und Verlag:
BoD - Books on Demand, Norderstedt
ISBN 978-3-7357-8580-0